Richard Schüller

Die klassische Nationalökonomie und ihre Gegner

Richard Schüller

Die klassische Nationalökonomie und ihre Gegner

ISBN/EAN: 9783743344853

Hergestellt in Europa, USA, Kanada, Australien, Japan

Cover: Foto ©Suzi / pixelio.de

Manufactured and distributed by brebook publishing software (www.brebook.com)

Richard Schüller

Die klassische Nationalökonomie und ihre Gegner

Inhaltsverzeichnis.

Einleitung	1
1. Abstraction von kulturellen, zeitlichen und örtlichen Verhältnissen	4
2. Abstraction von allen Unterschieden zwischen den Menschen	19
3. Abstraction von allen Triebfedern menschlichen Handelns ausser dem Egoismus	26
4. Abstraction von allen Interessengegensätzen	39
5. Wirthschaftspolitik	44
a) Relativität wirthschaftspolitischer Maaſnahmen	44
b) Das Eingreifen der Regierung in die persönliche Freiheit im öffentlichen Interesse	50
c) Actives Eingreifen der Regierung in die Volkswirthschaft	55

Einleitung.

Es ist schon von mehr als einer Seite darauf hingewiesen worden, dass die klassische Nationalökonomie in der neueren nationalökonomischen Litteratur, zumal in Deutschland, keine gerechte Würdigung erfährt. Selbst in der historischen Schule, auf welche die jetzt in Deutschland gebräuchliche Beurtheilung der klassischen Nationalökonomie doch in erster Reihe zurückzuführen ist, sind bereits besonnenere Gelehrte aufgetreten, welche sich veranlasst gesehen haben, die von den extremsten Vertretern eines einseitigen Historismus gegen Smith und seine Schüler gerichteten Angriffe zurückzuweisen.[1]) Allerdings, wie gerade neuere Erscheinungen auf dem Gebiete der volkswirthschaftlichen Litteratur zeigen, mit sehr geringem Erfolge. Die allgemein gehaltenen Mahnungen jener Volkswirthe zur Selbstbesinnung und Umkehr vermochten nämlich nur geringe Wirkung zu üben, da sie von Autoren ausgingen, welche gegen die klassische Nationalökonomie, wenngleich in milderer Form, doch die nämlichen Vorwürfe erhoben, deren extremen Formulirungen sie entgegentraten.

Auch die Vertreter der österreichischen Schule und in Deutsch-

---

[1]) Roscher nahm in einem Aufsatze über Ricardo (Literarisches Centralblatt 1878 N. 1 S. 19), wie Held missfällig bemerkte, „Ricardo und seine Methode stark in Schutz gegenüber den historisch-statistischen und praktisch-politischen Neueren." „Ricardo," sagte Roscher in diesem Aufsatze, „ist ein volkswirthschaftlicher Klassiker in so eminentem Sinne, dass er niemals veralten kann." Die Anwendung der Ricardo'schen Methode würde, meint Roscher, für die deutsche Nationalökonomie sehr vortheilhaft sein, „da (Hand aufs Herz!) gerade die heutzutage vorherrschenden Richtungen, die historisch-statistische und die praktisch-politische nur allzusehr zu einer gewissen Verschwommenheit der theoretischen Analyse hinneigen."

land insbesondere Adolf Wagner haben sich um eine gerechte Würdigung der Smith'schen Richtung anerkennenswerthe Verdienste erworben [1]), ohne dass doch das Urtheil der heutigen Volkswirthe über die wissenschaftliche und die socialpolitische Stellung der klassischen Nationalökonomie irgendwie als geklärt bezeichnet werden könnte. Es fehlt uns an einer auf Grund eingehenden Studiums unternommenen Darstellung der klassischen Nationalökonomie, insbesondere jener Lehren derselben, welche von der historischen Schule zum Gegenstande ihrer Angriffe gemacht worden sind, und damit an der Grundlage für eine umfassende Berichtigung der rücksichtlich der Werke Smith's und seiner Schüler gegenwärtig vorwaltenden Irrthümer. Die in der nationalökonomischen Litteratur Deutschlands herrschende Auffassung über die klassische Nationalökonomie hätte nicht entstehen, noch viel weniger sich durch Decennien behaupten können, wäre seit dem Auftreten der historischen Schule das Studium, ich meine die ernste Vertiefung in die Werke der Klassiker, in Deutschland nicht in einer geradezu befremdlichen Weise vernachlässigt und die historische Schule in dieser Rücksicht ihrer historischen Aufgabe nicht so völlig untreu geworden.

Was unter solchen Umständen, mit Rücksicht auf die weit verbreiteten und festgewurzelten Irrthümer über die klassische Nationalökonomie, die nächste Aufgabe ist, scheint mir durch diese Sachlage klar vorgezeichnet zu sein. Es gilt die Klassiker — Smith, Say, Ricardo, Malthus — gerade in jenen Punkten, in denen sie Gegenstand der heftigsten, und, wie sich herausstellen wird, ganz unberechtigten Angriffe seitens der historischen Schule geworden sind, selbst wieder zum Worte kommen zu lassen.

Dass eine Klärung der Ansichten erfolge, scheint mir nicht nur für die Geschichte der Socialwissenschaften, sondern auch für die weitere Entwicklung der nationalökonomischen Theorie von Wichtigkeit zu sein. Diese wird durch das falsche Urtheil über die klassischen Lehren seit Jahrzehnten in ungünstigster Weise beeinflusst, indem die irrthümlich gegen die klassische Nationalökonomie und ihre Methode erhobenen Vorwürfe der ideenfeindlichen empiristischen Strömung unserer Zeit, — einer Strömung, welche in der historischen Schule am schärfsten hervortritt und in allen socialwissenschaftlichen

---

[1]) S. Carl Menger „Neue freie Presse", 6. u. 8. Jänner 1891. — Böhm-Bawerk „Göttingische gelehrte Anzeigen", 1. Juni 1889 N. 12. — A. Wagner, Jahrb. f. Nationalökonomie und Statistik, 1886, XII. Bd., S. 203, 242, 245 ff., Grundlegung I, z. B. S. 7 und passim.

Richtungen der Gegenwart, auch in den socialistischen, in zunehmendem Ermatten der wissenschaftlichen Geistesthätigkeit sich äussert — einen starken Halt verleihen. Mit dem Urtheile der historischen Schule über die klassische Nationalökonomie sind indess auch weitgehende praktische Consequenzen verknüpft worden. Die Auffassung der historischen Schule über die Smith'sche Wirthschaftspolitik bildet eine wichtige Stütze der jetzt herrschenden principlosen Opportunitätspolitik, welche zu der Einengung des Coalitionsrechtes, zu einer rückläufigen Agrar- und Gewerbepolitik, zur Ausdehnung der indirecten Steuern und zu unzulänglichen Socialreformen führt. Die richtige Stellungnahme zur klassichen Nationalökonomie, welche das letzte auf grundlegenden Prinzipien beruhende und zur praktischen Durchführung· gelangte System der Wirthschaftspolitik darstellt, ist ein wichtiges Element für die künftige Gestaltung der modernen Wirthschafts- und Socialpolitik.

Die Berichtigung des Urtheils der historischen Volkswirthe über die klassische Nationalökonomie scheint mir solcherart weit über die Bedeutung einer blossen, litteraturgeschichtlichen Arbeit hinauszugehen.

Möge diese kleine Schrift, bei allen jenen, welchen es um die Wahrheit zu thun ist, eine freundliche Aufnahme finden.

1. Abstraction von kulturellen, zeitlichen und örtlichen Verhältnissen.

In seiner Antrittrede an der Wiener Universität fällte Brentano folgendes Urtheil über die klassische Nationalökonomie: „Die klassische Nationalökonomie hat einen von allen Besonderheiten des Berufes, der Klasse, der Nationalität und Kulturstufe freien Menschen geschaffen. Sie unterscheidet nicht den Bauer vom Kaufmanne, nicht die Instincte des ungebildeten Proletariers von denen des verfeinerten Kulturmenschen, geschweige denn die grossen Verschiedenheiten innerhalb der arbeitenden Klasse selbst. Sie kennt keine Verschiedenheit der Rasse, der Religion, des Zeitalters. Es gibt in ihrer Psychologie nur zwei Triebfedern menschlichen Handelns. Die eine davon ist das Streben nach dem grösstmöglichen Gewinn. Dies ist das Princip, das nach ihr alle menschlichen Beziehungen, bei denen nicht der Geschlechtstrieb in Frage kommt, allgewaltig beherrscht. Der Geschlechtstrieb gilt ihr als noch gewaltiger. Wo beide Triebfedern in Konflikt kommen, unterliegt ihm die andere. Aber überall sonst herrscht der Erwerbstrieb. Dabei ziehen", fährt Brentano fort, „die französischen Physiokraten, A. Smith, Ricardo und die übrigen Häupter der klassischen Nationalökonomie, die volle Konsequenz dieser Auffassung. Nicht etwa, dass sie zugäben, dass die individuelle Dummheit, welche die Erkenntniss des Vortheils verhindere, eine Verschiedenheit zwischen ihren Lehrsätzen und dem wirklichen Handeln der Menschen zur Folge haben könne." „Jenen Häuptern der Schule sind alle Menschen, der Philosoph wie der Lastträger, von Geburt gleich begabt; ein jeder ist ihnen ferner in gleichem Maasse von dem Triebe nach Reichthum beherrscht; da alle gleich sind, erkennt ein jeder am besten, was sein Vortheil erheischt. Und daher jenes Verlangen, alle Bevormundung zu beseitigen, da sie nichts anderes als unverschämteste Anmassung sei."[1])

Brentano behauptet also vor allem, dass die klassische Nationalökonomie keine Verschiedenheit der Kulturstufe und des Zeitalters kenne.[2]) Die Vernachlässigung aller kulturellen, zeitlichen und örtlichen Umstände halten die historischen Volkswirthe für einen Grundfehler der klassischen Lehren, und sie bezeichnen das bei Smith und seinen Schülern herrschende Verhältniss zwischen dem Allgemeinen und Besonderen, zwischen Gesetzen und Ausnahmen als „theoretischen Absolutismus." Thatsache ist, dass in der historischen Richtung selbst ein ganz anderes Verhältniss Platz greift, indem ein ungleich geringeres Gewicht auf das Allgemeine und die Gesetze gelegt wird, der ganze Nachdruck vielmehr auf dem Speciellen und Eigenthümlichen ruht. Mit dieser wichtigen Seite des Historismus hängt das fast ausschliesslich descriptive Verfahren der historischen Volks-

---

[1]) L. Brentano. Die klassische Nationalökonomie. Lpzg. 1888; S. 3 ff.

[2]) Hinsichtlich des Umstandes, dass dieser Vorwurf nicht etwa von Brentano allein, sondern von den historischen Volkswirthen ganz allgemein, wenn auch mit verschiedener Betonung erhoben wird, könnte ich mich vorläufig ganz wohl auf die, ich möchte sagen, „öffentliche Meinung" der wissenschaftlich Gebildeten verlassen. Doch will ich immerhin sowohl bei diesem Punkte als bei den nachfolgenden die Stimme Brentano's durch die einiger anderer hervorragender Vertreter des Historismus verstärken. Roscher fasst den Vorwurf der Nichtbeachtung der besonderen Verhältnisse in eine gemässigte Form. (Zur Gründungsgeschichte des Zollvereines, Berlin 1870 S. 38 ff. L) Hildebrand sagt: „Smith und seine Schule gehen von der Ansicht aus, dass alle Gesetze der Volkswirthschaft, weil sie in dem Verhältnis des Menschen zu den Sachgütern begründet seien, über Zeit und Raum erhaben, bei allem Wechsel fest bleiben, und vergessen dabei gänzlich, dass der Mensch, als sociales Wesen ein Kind der Civilisation und ein Produkt der Geschichte ist, und dass seine Bedürfnisse, seine Bildung, seine Beziehungen zu den Sachgütern wie zu den Menschen niemals dieselben bleiben, sondern sowohl geographisch verschieden sind, als auch historisch sich immer verändern und mit der gesammten Kultur der Menschheit fortschreiten." (Die Nationalökonomie der Gegenw. u. Zuk. 1848, S. 28 ff.) Schmoller behauptet, die klassische Nationalökonomie habe geglaubt, dass die Menschen „in immer gleichen typischen wirthschaftlichen Formen und Gesellschaftseinrichtungen sich bewegen". Die historische Schule erst habe „die Vorstellung einer historischen Entwicklung der Völker und der Menschheit, sowie der volkswirthschaftlichen Institutionen" geschaffen. (Handwörterbuch der Staatswissenschaften, Jena 1894, Artikel „Volkswirthschaft" S. 546.)

6   1. Abstraction von kulturellen, zeitlichen und örtlichen Verhältnissen.

wirthe, ihre alles andere zurückdrängende Beschäftigung mit wirthschaftsgeschichtlichen und statistischen Detailstudien enge zusammen.

Aber ist es denn auch wahr, dass die klassische Nationalökonomie von allen kulturellen, zeitlichen und örtlichen Verschiedenheiten abstrahire?

Smith zeigt uns in kulturgeschichtlicher Entwicklung: Die sociale Klassenschichtung [1]), die Arbeitstheilung [2]). die Preisbildung [3]), das Geldwesen [4]), die Konsumption [5]), die Gewerbe- [6]), Handels- [7]), Kolonial- [8]) und Steuerpolitik [9]), und im Zusammenhange mit der wirthschaftlichen die kriegerische [10]) und religiöse [11]) Seite des socialen Lebens, das Rechts- [12]) und das Schulwesen [13]), wobei er, je nachdem es an der betreffenden Stelle von Wichtigkeit und im Rahmen der Darstellung möglich ist, entweder nur im allgemeinen den Zug der fortschreitenden Kulturentwicklung characterisirt, barbarische und civilisirte Verhältnisse einander gegenüberstellt oder die Entwicklung der feudalen Ordnung zu der modernen beobachtet; die Geschichte einer wirthschaftlichen Evolution in ihren Haupt- und Nebenlinien verfolgt oder die Hauptperioden der Kulturgeschichte in kurzen Strichen zeichnet.

Er widmet drei Kapitel der Darlegung des Einflusses, welchen der allgemeine Zustand der Gesellschaft, ihr Reichthum oder ihre Armuth, ihr Fortschritt, ihre Stagnation, ihr Rückschritt auf den in jeder Gegend bei den verschiedenen Beschäftigungen und Kapitalanlagen gewöhnlichen Arbeitslohn, Gewinn und die jeder Gesellschaft oder Gegend (bez. jeder Zeit und jedem Orte) eigenthümliche Grundrente ausüben.[14])

---

[1]) Smith, Wealth of nations, ed. Mac-Culloch 1863, B. I Ch. I S. 1 Sp. 2, B. III Ch. II u. III passim, B. V Ch. I P. 1 u. 2 passim, Bd. IV Ch. IX S. 307 Sp. 2 ff., B. V Ch. I S. 351 Sp. 1, S. 356 Sp. 2.
[2]) B. I Ch. 1 passim.
[3]) B. I Ch. VI, B. I Ch. XI S. 68 Sp. 2, S. 80 Sp. 2 ff., S. 84 Sp. 2 ff., S. 100 Sp. 1 ff.
[4]) B. I Ch. IV u. V, B. II Ch. II passim.
[5]) B. III Ch. IV S. 182 Sp. 1 ff., B. I Ch. I S. 6, B. I Ch. XI S. 75 Sp. 2.
[6]) B. I Ch. X P. 2, B. V Ch. I S. 350 Sp. 2 ff.
[7]) B. IV „Of systems of political economy".
[8]) B. IV Ch. VII.
[9]) B. V Ch. II passim u. S. 385.
[10]) B. V Ch. I P. 1.
[11]) Ibd. S. 353 Sp. 2 ff.
[12]) Ibd. P. 2.
[13]) Ibd. S. 341 Sp. 2 ff.
[14]) B. I Ch. VII S. 25 Sp. 1. „There is in every society or neighbourhood

1. Abstraction von kulturellen, zeitlichen und örtlichen Verhältnissen.

Smith erkennt den entscheidenden Einfluss der besonderen politischen Verhältnisse und der Gesetze eines Landes auf dessen wirthschaftliches Leben.[1]) Er sagt zum Beispiel: „Die bürgerliche und kirchliche Verfassung Spaniens und Portugals ist der Art, dass sie allein schon hinreicht, die jetzige Armut dieser Länder zu verewigen, selbst wenn ihre Handelsmassregeln ebenso weise wären, als sie grösstentheils unsinnig und thöricht sind."[2]) Dann wieder führt er aus: Die politische Verfassung der englischen Kolonien ist dem Anbau und der Kultur des Landes günstiger gewesen als

---

an ordinary or average rate both of wages and profit in every different employment of labour and stock. This rate is naturally regulated, as I shall show hereafter (ausgeführt in Ch. VIII u. IX), partly by the general circumstances of the society, their riches or poverty, their advancing, stationary or declining condition; and partly by the particular nature of each employment. There is likewise in every society or neighbourhood an ordinary or average rate of rent, which is regulated too, as I shall show hereafter (Ch. XI) partly by the general circumstances of the society or neighbourhood in which the land is situated..."

[1]) Z. B. B. I Ch. VIII S. 29 Sp. 1: „Though pecuniary wages and profit are very different in the different employments of labour and stock, yet a certain proportion seems commonly to take place between both the pecuniary wages in all the different employments of labour, and the pecuniary profits in all the different employments of stock. This proportion, it will appear hereafter, depends partly upon the nature of the different employments, and partly upon the different laws and policy of the society in which they are carried on. — B. I Ch. IX S. 43 Sp. 2. „China seems to have been long stationary, and had, probably, long ago acquired that full complement of riches which is consistent with the nature of its laws and institutions. But this complement may be much inferior to what, with other laws and institutions, the nature of its soil, climate and situation, might admit of." — Ch. XI S. 85 Sp. 1. „In the disorderly state of England under the Plantagenets, who governed it from about the middle of the twelfth, till towards the end in the fifteenth century, one district might be in plenty, while another, at no great distance, by having its crop destroyed either by some accident of the seasons, or by the incursion of some neighbouring baron, might be suffering all the horrors of a famine; and yet if the lands of some hostile lord were interposed between them, the one might not be able to give the least assistance to the other. Under the vigorous administration of the Tudors, ... no baron was powerful enough to dare to disturb the public security." — S. 89 Sp. 1, S. 102 Sp. 2, S. 108 Sp. 2, S. 110 Sp. 2. B. II Ch. I S. 123, B. III Ch. II S. 170 Sp. 2, Ch. III S. 178, Sp. 2 S. 180, Ch. IV S. 181 Sp. 2 ff., S. 183 u. S. 187 Sp. 1, B. IV Ch. VII S. 253 Sp. 2, S. 262, 263. S. 278 Sp. 2 bis S. 281, B. V Ch. I S. 328 Sp. 1, Ch. II S. 383 Sp. 2 S. 385, Ch. III S. 412 Sp. 1.

[2]) B. IV Ch. V S. 242 Sp. 1. „The civil and ecclesiastical governments of both, Spain and Portugal are such as would alone be sufficient to perpetuate their present state of poverty, even though their regulations of commerce were as wise as the greater part of them are absurd and foolish."

die Verfassung der Kolonien der anderen Staaten.[1]) Eine andere Stelle lautet: „Diejenige Verringerung des Silberwertes, die als Wirkung der besonderen Lage oder politischen Verfassung in einem bestimmten Lande eintritt, ist eine Sache von grösster Wichtigkeit."[2])

Er beobachtet den Einfluss der verschiedenen Religionen, Sekten und ihrer Verfassung auf den Luxus, bez. die Strenge der Lebensführung der verschiedenen Gesellschaftsklassen, auf die Ruhe der bürgerlichen Gesellschaft, die Sicherheit des Souveräns und die Unterwürfigkeit der Bürger gegen die öffentlichen Gewalten; auf die Parteiungen im Lande, auf den Reichthum von Fürst und Volk u. s. f. und umgekehrt den Einfluss der Fortschritte der Gewerbe und des Handels auf die kirchlichen Zustände.[3])

Smith stellt die wirthschaftliche Lage der Völker,[4]) die Arbeitstheilung,[5]) Produktion,[6]) Preisbildung,[7]) den Arbeitslohn,[8]) Kapitalzins,[9])

---

[1]) B. IV Ch. VII S. 256 Sp. 2. „But the political institutions of the English colonies have been more favourable to the improvement and cultivation of this land than those of any of the other three nations."

[2]) B. IV Ch. V S. 226 Sp. 2. „But that degradation in the value of silver which, being the effect either of the peculiar situation or of the political institutions of a particular country, takes place only in that country, is a matter of very great consequence..."

[3]) B. V Ch. I P. III S. 353 bis 366.

[4]) B. I Ch. III S. 9 ff. „As, by means of water carriage, a more extensive market is opened to every sort of industry than what land-carriage alone can afford it, so it is upon the sea-coast, and along the banks of navigable rivers, that industry of every kind naturally begins to subdivide and improve itself...." „The nations that according to the best authentical history, appear to have been first civilised, were those that dwelt round the coast of the Mediterranean sea. That sea, by far the greatest inlet that is known in the world, having no tides, nor, consequently, any waves, except such as are caused by the wind only, was by the smoothness of its surface, as well as by the multitude of its islands, and the proximity of its neighbouring shores, extremely favourable to the infant navigation of the world, when ...." B. I Ch. IX S. 43 Sp. 2, Ch. XI S. 93 Sp. 2, B. III Ch. III S. 179, Ch. IV S. 185 Sp. 2 ff, B. IV Ch. VII S. 253 ff., 287 Sp. 1, Ch. IX S. 308 Sp. 1, S. 309 Sp. 1, B. V Ch. II S. 408 Sp. 2.

[5]) B. I Ch. III passim.

[6]) B. I Ch. I S. 4 Sp. 1, Ch. VII S. 27 Sp. 2, Ch. XI S. 71 Sp. 2, B. III Ch. I S. 168 Sp. 1, B. IV Ch. II S. 200 Sp. 2, S. 202 Sp. 1, Ch. V S. 234 Sp. 2, Ch. VII S. 260 Sp. 1, Ch. IX S. 308 Sp. 1.

[7]) B. I Ch. V S. 17 Sp. 1, Ch. VII S. 27 Sp. 2, Ch. VIII S. 34 Sp. 1, Ch. XI S. 77 Sp. 2 „The price of coals in Westmoreland or Shropshire can have little effect on their price at Newcastle; and their price in Lionnais can have none at all. The productions of such distant coal mines can never be brought into competition with one another." S. 87 Sp. 2. S. 92 Sp. 1, S. 109 Sp. 1.

[8]) B. I Ch. VIII u. X.

1. Abstraction von kulturellen, zeitlichen und örtlichen Verhältnissen. 9

die Rente[1] u. s. f. als örtlich bedingt dar, indem er einerseits feststellt, dass die betreffenden wirthschaftlichen Erscheinungen immer an bestimmte örtliche Verhältnisse gebunden und von diesen abhängig seien, andererseits den Einfluss des Klimas, der Lage, der Bodenbeschaffenheit, die örtlichen Verhältnisse der Stadt und des Landes, die Bedeutung der vertikalen und horizontalen Gliederung, der Meeresküste, insbesondere z. B. jener des Mittelmeeres, die spezifischen Umstände neuer Kolonien zum Gegenstande seiner Betrachtung macht.

Ich möchte nur noch einige Punkte erwähnen, inbezug auf welche man ganz insbesondere das Ausserachtlassen „besonderer Verhältnisse" durch die Klassiker als erwiesen annimmt. Die historischen Volkswirthe werfen nämlich Smith und seinen Schülern vor, dass sie die **specifischen Umstände bei der Preisbildung**, insbesondere die **Lage der Contrahenten beim Lohnvertrage** und die **Hindernisse übersehen, welche sich dem Uebergange von Arbeitern und Kapitalien zu den mehr Einkommen gewährenden Produktionszweigen entgegenstellen.**

Dass Smith bei der Analyse der Preisbildung die besonderen Umstände berücksichtigt, haben wir schon gesehen.[2] Bei der Preisbildung, meint er, finde überhaupt nur eine rohe Ausgleichung statt, welche sich nach dem Dingen und Feilschen auf dem Markte richte.[3] Was den Lohnvertrag betreffe, so sei nicht schwer vorauszusehen, welche von den beiden Parteien für gewöhnlich die Oberhand in diesem Streite behalten und die andere zur Einwilligung in die ihr vorgeschriebenen Bedingungen nöthigen werde. Die Meister könnten sich, da ihre Anzahl geringer ist, auch leichter vereinigen und überdies würden ihre Verbindungen von den Gesetzen begünstigt; indess die Verbindungen der Arbeitsleute strenge untersagt seien. Auch vermöchten in diesem Streite der Meister mit den Arbeitern jene weit länger auszuhalten als diese . . .[4] Noch mehr

---
[1] B. I Ch. IX u. X.
[2] B. I Ch. XI.
[3] s. o. S. 6 u. 8.
[4] B. I Ch. V S. 14 Sp. 1. „In exchanging, indeed, the different productions of different sorts of labour for one another, some allowance is commonly made for both. It is adjusted, however, not by any accurate measure, but by the higgling and bargaining of the market, according to that sort of rough equality which, though not exact, is sufficient for carrying on the business of common life."
[5] B. I Ch. VIII S. 30 Sp. 1 u. 2. „It is not, however, difficult to foresee,

1. Abstraction von kulturellen, zeitlichen und örtlichen Verhältnissen.

im Vortheile bei Abschliessung des Lohnvertrages seien die Herren oft in theueren Jahren, wo sie die Arbeiter demüthiger und von ihnen mehr abhängig fänden, als in wohlfeilen.[1]) Der grösste Theil der Arbeiter sei gezwungen, sich um des täglichen Unterhaltes willen zu unterwerfen.[2]) Der Sieg der Meister im Streite über den Tagelohn sei der gewöhnliche Zustand der Dinge, von dem man niemals viel reden höre.[3]) Die Renten und der Kapitalgewinn zehren den Arbeitslohn auf, die beiden höheren Stände des Volks unterdrücken den niederen.[4]) Betrachtet also Smith Arbeitgeber und und Arbeitnehmer als gleiche Kontrahenten?

Ebensoweit ist er davon entfernt, die Schwierigkeiten zu übersehen, welche sich dem Uebergange des Kapitals in neue Gewerbszweige entgegenstellen. — „Derjenige Theil des Kapitals eines Fabrikanten," sagt Smith, „der in den Werkhäusern und dem Handwerkzeuge steckt, liesse sich schwerlich ohne beträchtliche Verluste einer anderen Verwendung zuführen. Daher fordert eine billige Rücksicht auf sein Interesse, dass Veränderungen dieser Art (von Zöllen) nie plötzlich, sondern langsam, stufenweise und nach einer langen vorgängigen Benachrichtigung eingeführt werden."[5])

which of the two parties must, upon all ordinary occasions, have the advantage in the dispute, and force the other into a compliance with their terms. The masters, being fewer in number, can combine much more easily; and the law, besides, authorises, or at least does not prohibit their combinations, while it prohibits those of the workmen. We have no acts of parliament against combining to lower the price of work; but many against combining to raise it. In all such disputes the masters can hold out much longer."

[1]) B. I Ch. VIII S. 38 Sp. 1. „In dear years, too, poor independent workmen frequently consume the little stocks with which they had used to supply themselves with the materials of their work, and are obliged to become journeymen for subsistence." . . . . „Masters of all sorts, therefore, frequently make better bargains with their servants in dear than in cheap years, and find them more humble and dependent in the former than in the latter."

[2]) Ibd. S. 31 Sp. 1. „The workmen, accordingly, very seldom derive any advantage from the violence of those tumultuous combinations, which, partly from the interposition of the civil magistrate, partly from the superior steadiness of the masters, partly from the necessity which the greater part of the workmen are under of submitting for the sake of present subsistence, generally end in nothing but the punishment or ruin of the ringleaders."

[3]) Ibd. S. 30 Sp. 2 ff.

[4]) B. IV Ch. VII S. 253 Sp. 2. „In other countries (als in „new Colonies"), rent and profit eat up wages, and the two superior orders of people oppress the inferior one."

[5]) B. IV Ch. II S. 207 Sp. 2 u. S. 208 Sp. 1. „The undertaker of a great manufacture, who, by the home markets being suddenly laid open to the competitions of foreigners, should be obliged to abandon his trade, would no doubt suffer

1. Abstraction von kulturellen, zeitlichen und örtlichen Verhältnissen.

Brentano sagt, in den Augen der Klassiker sei der Arbeiter, „als ob es ihm technisch möglich wäre, jederzeit von der niedriger zu der höher gelohnten Beschäftigung überzugehen, heute Landarbeiter, morgen Hutmacher, übermorgen Baumwollspinner, dann Maschinenarbeiter, Tischler, Uhrmacher u. s. w."[1]) Warum hat er nicht auch ein oder das andere Beispiel aus den Werken der Klassiker hinzugefügt, um zu zeigen, dass dies keine leere Behauptung sei? Man halte zu dem Satze Brentano's folgende Aussprüche: „In manchen verschiedenen Gewerben," sagt Smith, „sind die Operationen einander so ähnlich, dass die Arbeiter leicht aus dem einen in das andere übertreten könnten ... Das Weben schlichter Leinenzeuge ist z. B. fast ganz dasselbe, wie das Weben schlichter Seidenzeuge." Wenn man den Arbeitern den Uebergang zu einem dem ihren ähnlichen Gewerbe versperrt, fallen sie dem Kirchspiele zur Last.[2]) „In einem Gewerbe, welches in Verfall geräth, sind viele Arbeiter lieber mit einem geringeren, als dem gewöhnlichen Lohne zufrieden, ehe sie sich entschliessen, sich in eine ganz neue Lebensart einzulassen."[3]) Die zwischen den Löhnen verschiedener Gegenden bestehenden Preisunterschiede würden, sagt Smith, wenn sie eine Ware beträfen, hinlänglich sein, eine so grosse Versendung derselben, nicht bloss von einem Ende des Königreiches, sondern von einem Ende der Welt zum andern zu veranlassen, dass die Preise bald an beiden mehr ins Gleichgewicht kämen. Hier aber, bei der Bezahlung der Arbeit vermögen sie, wie es scheint, nicht immer einen Mann aus einem Kirchspiel in das benachbarte zu bringen.[4])

very considerably. That part of his capital which had usually been employed in purchasing materials and in paying his workmen, might, without much difficulty, perhaps, find another employment. But that part of it which was fixed in workhouses, and in the instruments of trade, could scarce be disposed of without considerable loss. The equitable regard, therefore, to his interest, requires that changes of this kind should never be introduced suddenly, but slowly, gradually, and after a very long warning."

[1]) Brentano, a. a. O., S. 8.

[2]) B. I Ch. X S. 62 Sp. 2. „In many different manufactures, however, the operations are so much alike, that the workmen could easily change trades with one another, if those absurd laws did not hinder them. The arts of weaving plain linen and plain silk, for example, are almost entirely the same." ...

[3]) B. I Ch. X S. 52 Sp. 2. „In a decaying manufacture, on the contrary, many workmen, rather than quit their old trade, are contented with smaller wages than would otherwise be suitable to the nature of their employment."

[4]) B. I Ch. VIII S. 34 Sp. 1. „Such a difference of prices, which it seems

1. Abstraction von kulturellen, zeitlichen und örtlichen Verhältnissen.

Die angeführten Citate, welche ganze Kapitel, längere Ausführungen, kurze Hinweise und eingestreute Bemerkungen umfassen, zeigen uns, dass Smith die kulturellen, zeitlichen und örtlichen Verhältnisse in durchgreifender Weise in Betracht zieht. Ich glaube mich jetzt inbezug auf diesen Punkt bei den anderen Vertretern der klassischen Schule kürzer fassen zu dürfen.

Say sagt, er nehme denjenigen Gesellschaftszustand zur Grundlage seines Cours, welcher in den civilisirten Staaten bestehe und sein Werk könne darum den Irokesen und Kalmücken nichts nützen.[1])

Die Frage, ob grosse oder kleine Kultur vortheilhaft sei, werde, sagt Say, in vielen Fällen „decidée par la nature du terrain, et par les circonstances locales."[2]) Man könne ein Land nicht regieren, „abstrahierend von seinem Klima, seinem Boden, seinen Gewohnheiten, seinen Gesetzen."[3])

Doch ich will nicht wieder, wie bei Smith, hunderte Beispiele dafür anführen, dass Say kulturelle, zeitliche und örtliche Verhältnisse berücksichtigt, sondern mich mit einigen wichtigen Fällen begnügen. Uebersieht Say die Hindernisse, welche sich dem Uebergang von Kapital und Arbeit von einem Produktionszweige zu einem andern entgegenstellen? „Viele Kapitalien," sagt er, „sind so angelegt, dass sie überhaupt nie mehr einem anderen Produktionszweige zugewendet werden können als demjenigen, welchem sie von Anfang an gewidmet waren."[4]) Jedenfalls können Kapital und Arbeit zu vortheilhafteren Verwendungen nur allmählig und unter grossen Verlusten übergehen.[5])

---

is not always sufficient to transport a man from one parish to another, would necessarily occasion so great a transportation of the most bulky commodities, not only from one parish to another, but from one end of the kingdom, almost from one end of the world to the other, as would soon reduce them more nearly to a level."

[1]) J. B. Say-Cours Complet. III. ed. Guillaumin. Paris 1852. — Bd. I S. 57 u. 58. „Je sais bien que mon livre, écrit dans ce but, ne sera pas d'un grand secours aux Calmouks ni aux Iroquois."

[2]) Ibd. B. I S. 240: De la grande et de la petite culture.

[3]) Ibd. B. I S. 26 Anm. — Say sagt, Mercier de la Rivière, den Katharina II. nach Russland berufen hatte, habe seine wirthschaftlichen Principien daselbst durchführen wollen. Mais il „ne pouvait pas regenter la Russie, en faisant abstraction de son climat, de son sol, des ses habitudes, de ses lois, qu'il ne connaissait pas à fond."

[4]) Traité d'économie politique, Paris 1826, B. II S. 247 ff.

[5]) Ibd. B. I S. 272, S. 168, S. CI, B. II S. 332.

Kennt Say die Bedeutung nicht, welche die Lage der Kontrahenten für den Lohnvertrag hat? Er legt die Verhältnisse dar, aus welchen die Ueberlegenheit des Unternehmers über den Arbeiter hervorgehe.¹) Ein besonders wichtiger Umstand, welcher dem Unternehmer minder legitime Vortheile verschaffe, bestehe darin, dass das Bedürfnis des Arbeitgebers weniger unmittelbar und drängend sei als das des Arbeiters, der nicht mehrere Wochen ohne Arbeit leben könne.²) Durch die Arbeitstheilung und die Maschinen gestalte sich dieses Verhältnis noch viel ungünstiger für den Arbeiter, denn dieser sei dann nur „un accessoire, qui, séparé de ses confrères, n'a plus ni capacité ni independance, et qui se trouve forcé d'accepter la loi qu'on juge à propos de lui imposer."³)

Ricardo sucht vor allem Ursachen und Wirkungen in den fundamentalen Erscheinungen des Wirthschaftslebens zu entwirren, ohne sich — abgesehen von verschiedenen zu jener Zeit aktuellen Fragen, die er in seinen Schriften bearbeitete — viel mit den specifischen und particulären Ausgestaltungen der typischen Formen zu befassen. Er berücksichtigt hiebei indess stets die kulturellen, zeitlichen und örtlichen Verhältnisse soweit sie für die grundlegenden Probleme in entscheidender Weise in Betracht kommen. Gerade in dieser Behandlung tritt die Bedeutung jener Verhältnisse für die menschliche Wirthschaft sehr klar hervor, und es zeigt sich so gerade bei Ricardo die Haltlosigkeit des von den historischen Volkswirthen erhobenen Vorwurfes, dass die Klassiker von diesen Verhältnissen abstrahieren.

Ricardo legt dar, wie die Momente, welche nach seiner Ansicht den Tauschwert der Güter bestimmen, sich im Fortgange der Civilisation verändern⁴) und wie der Tauschwert jedes Gutes zu einer bestimmten Zeit von der Verschiedenheit der bei der Produktion der betreffenden Waarenart obwaltenden besonderen Ver-

---
¹) Ibd. B. I S. 272, S. 168, S. CI, B. II S. 332.
²) Ibd. B. II, L. II Cb. VII § 3 u. 4, S. 269 ff.
³) Ibd. B. I S. 94.
⁴) The works of David Ricardo, McCulloch, London 1846, Principles. Ch. I S. 27: „It will be seen then, that in the early stages of society, before much machinery or durable capital is used, the commodities produced by equal capitals will be nearly of equal value, and will rise or fall only relatively to each other on account of more or less labour being required for their production; but after the introduction of these expensive and durable instruments, the commodities produced by the employment of equal capitals will be of very unequal value . . ." S. 3, 20, 16, Ch. I Sect. III, IV, V passim.

hältnisse abhänge.¹) Er weist ausserdem nachdrücklich darauf hin, dass es neben den von ihm behandelten allgemeinen auch noch accidentielle und temporäre Schwankungen der den Tauschwert regulierenden Factoren gebe und sagt, er erkenne dieselben voll an, wolle sich aber nicht näher mit ihnen beschäftigen.²) Ricardo's Grundrentengesetz beruht auf der Beobachtung der kulturellen Entwicklung in ihrer Beziehung zu der Bodenbearbeitung.³) Er zeigt ferner den Einfluss der geschichtlichen Verhältnisse auf Lohn und Kapitalgewinn und auf die Verschiebung des zwischen den verschiedenen Volksklassen bestehenden Verhältnisses.⁴) Er analysiert die Bedeutung, welche die gesellschaftlichen Zustände für die Wirkungen der Abgabenlast auf die Bevölkerung haben,⁵) den Einfluss plötzlich eintretender politischer Umwälzungen auf das Wirthschaftsleben⁶) u. s. f.

Ricardo beobachtet auch, wie die allgemeinen Gesetze, welche er festzustellen sucht, innerhalb jedes einzelnen Landes zu gesonderter Erscheinung gelangen. So sagt er z. B.: Diejenige Regel, welche den Tauschwert der Güter in einem Lande beherrsche, bestimme nicht auch den Tauschwert zwischen zwei oder mehreren Ländern.⁷) Ricardo will zeigen, dass „sich auch theilweise Veränderungen einstellen, welchen das Geld in besonderen Ländern unterworfen sei, und dass in der That der Tauschwert des Geldes niemals in zwei Ländern gleich sei, da er von der in jedem eingeführten Besteuerung, von der Geschicklichkeit im Gewerkwesen, von den Vortheilen des Klimas, von den natürlichen Erzeugnissen und vielen anderen Ursachen abhänge".⁸) „In einem und demselben

---

¹) Ch. II S. 37 f.
²) Ch. IV S. 47, 49.
³) Ch. II passim u. a. a. O.
⁴) Preface S. 5, Ch. V, VI passim.
⁵) Ch. XI S. 104, Ch. XIV S. 120, Ch. XVIII S. 157.
⁶) Ch. XIX „On sudden changes in the channels of trade."
⁷) Ch. VII S. 75. „The same rule which regulates the relative value of commodities in one country, does not regulate the relative value of the commodities exchanged between two or more countries."
⁸) Ibd. S. 81. „we are now endeavouring to show that, besides the ordinary variations in the value of money, and those which are common to the whole commercial world, there are also partial variations to which money is subject in particular countries; and to the fact, that the value of money is never the same in any two countries, depending as it does on relative taxation, on manufacturing skill, on the advantages of climate, natural productions, and many other causes."

Lande, sagt Ricardo, stehen die Gewinnste, allgemein gesprochen, immer auf demselben Gleichgewichtsstande oder sind bloss verschieden, insofern die Anwendung des Kapitals mehr oder weniger sicher und angenehm ist. Es ist dies aber nicht so zwischen verschiedenen Ländern .... wenn der Arbeitslohn stiege und der Gewinnst fiele, so würde daraus nicht folgen, dass Kapital und Bevölkerung von England nach Holland oder Spanien oder Russland, wo die Gewinnste höher wären, auswandern würde."[1]

Die Verschiedenheit der Bodenverhältnisse bildet die Grundlage des Ricardo'schen Grundrentengesetzes[2] und ist in seiner Darstellung bedeutsam für die Höhe der Löhne und Gewinne.[3] Seine Ansichten über den Aussenhandel leitet er in erster Linie aus der Rücksicht auf die besonderen lokalen Verhältnisse ab, welche als wünschenswert erscheinen lassen, dass jedes Land die seinen natürlichen Produktionsbedingungen am besten entsprechenden Güter erzeuge.[4]

Ricardo ist weit entfernt davon, den Arbeiter und den Unternehmer als gleiche Kontrahenten zu betrachten. Er konstatiert in seinem Lohngesetze, dass die Arbeiter, wenn sie auch je nach der Konjunctur bald höhere Löhne erzielen, bald auf niedrigere herabgedrückt werden, im allgemeinen als Klasse den Unternehmern in einer Position gegenüberstehen, welche es ihnen unmöglich mache, durchschnittlich mehr als den blossen Lebensunterhalt zu verdienen.[5] Er zeigt die Schwierigkeiten, welche sich dem Uebergang von Kapital aus einem Lande in das andere[6] und von einem Produktionszweige zu einem andern entgegenstellen und die Folgen dieser Verhältnisse.[7] Diese Schwierigkeiten seien bei den verschiedenen Gütern sehr verschieden. „In all such cases considerable distress, and no doubt some loss, will be experienced by those, who are engaged in the manufacture of such commodities; and it will be felt, not only at the time of the change, but through the whole

---

[1] Ibd. S. 76 „if in consequence of the diminished rate of production in the lands of England from the increase of capital and population, wages should rise, and profits fall, it would not follow that capital and population would necessarily move from England to Holland, or Spain, or Russia, where profits might be higher."
[2] Ch. II, XXIV, XXXII passim.
[3] Ch. V S. 52 ff.
[4] Ch. VII passim.
[5] Ch. V passim, Ch. IX S. 93 u. a. a. O.
[6] Ch. VII S. 76 ff.
[7] Ch. IX S. 97, Ch. XIII S. 113, 116, Ch. XIV. S. 119, Ch. XIX S. 160 ff.

16   1. Abstraction von kulturellen, zeitlichen und örtlichen Verhältnissen.

interval during which they are removing their capitals, and the labour which they can command, from one employment to another."[1])

In seinem „Essay on the principle of population"[2]) betrachtet Malthus in eingehender Weise Lage, Klima, Bodenbeschaffenheit, Flora und Fauna, kulturelle und sociale Verhältnisse bei jedem einzelnen Volke der Erde, von welchem wir genügende Nachrichten besitzen, und erklärt aus dem Zusammenwirken aller dieser besonderen örtlichen und zeitlichen Umstände das langsamere oder raschere Anwachsen der verschiedenen Völker und der verschiedenen Volksschichten innerhalb derselben.

Das Inhaltsverzeichnis des I. Bandes lautet:

Ch. III: Of the checks to population in the lowest stage of human society.
Ch. IV: „   among the American Indians.
Ch. V: „   in the Islands of the South-Sea.
Ch. VI: „   among the ancient inhabitants of the north of Europe.
Ch. VII: „   among modern pastoral nations.
Ch. VIII: „   in different parts of Africa.
Ch. IX: „   in Siberia, northern and southern.

und so geht es etwa noch 15 Kapitel weiter.

Wir haben jetzt gesehen, dass Smith, Say, Ricardo, Malthus die Verschiedenheit der kulturellen, zeitlichen und örtlichen Verhältnisse in hundertfältiger principieller Weise berücksichtigen und dass die Behauptung, die Klassiker kennen keine solchen Unterschiede, vollständig haltlos ist.

Oft sind die Gegner in solchen Fällen geneigt zu bestreiten, dass ihre Kritik „so" gemeint war, und schränken sie ein, um sie vielleicht doch haltbar zu machen. Die Vertreter des Historismus könnten sagen, sie hätten nicht behaupten wollen, dass die Klassiker die besonderen Verhältnisse immer oder auch nur in der Regel vernachlässigen, sondern bloss, dass sie dies in vielen entscheidenden Fällen thun. Eine solche Erklärung würde einen Augenblick lang glaubhaft klingen, weil der Vorwurf der Abstraktion von allen besonderen Verhältnissen gar zu banal erscheint. Und doch haben Brentano und die andern diesen Vorwurf thatsächlich hundert Mal ausgesprochen und niedergeschrieben. Was so oft gedruckt steht, lässt sich nicht ableugnen. Dieses Urtheil der historischen Schule über die klassische Nationalökonomie ist in das allgemeine Bewusstsein der Zeit übergegangen und hat einen starken

---

[1]) Ch. XIX S. 159.
[2]) 6. ed. London, 1826.

Einfluss selbst auf jene geübt, welche sonst die historische Richtung bekämpfen. Doch nehmen wir für einen Augenblick an, die historischen Volkswirthe hätten in der That das Bewusstsein, dass die Klassiker die besonderen Verhältnisse in durchgreifender Weise beachten, und hätten durch ihre Kritik nur zu sagen beabsichtigt, dass dies doch in vielen wichtigen Fällen nicht geschehe. Dann müssten wir von den historischen Volkswirthen den Beweis dafür erwarten, dass Smith und seine Schüler vielfältig in entscheidenden Rücksichten die besonderen Verhältnisse vernachlässigen und aus diesem Grunde irren. Wir finden aber bei den Vertretern des Historismus nicht nur keinerlei Beweis hiefür, sondern die wenigen Fälle, in welchen sie sich zur Anführung einzelner Beweispunkte entschliessen — es sind dies die Behauptungen, dass Smith und seine Schüler die specifischen Umstände bei der Preisbildung, insbesondere die Lage der Kontrahenten beim Lohnvertrage, und die Hindernisse übersehen, welche sich dem Uebergange von Kapitalien und Arbeitern zu den ein grösseres Einkommen liefernden Produktionszweigen entgegenstellen — diese wenigen Fälle zeugen gerade gegen die Historiker, weil die Klassiker, wie wir gesehen haben, die besonderen Umstände in diesen Fällen genau beobachten.

Es bleiben so nur ganz wenige vereinzelte Stellen, welche die historischen Volkswirthe aus den Werken der klassischen Nationalökonomie als Belege für die Vernachlässigung der besonderen Umstände anführen. Was diese Stellen etwa beweisen könnten, wäre, dass die Klassiker in einzelnen Punkten zeitliche und örtliche Verschiedenheiten nicht genügend berücksichtigen. Das sind jene geringfügigen Korrekturen, welche jede neuere Schule an der älteren vornehmen kann. Da aber solche vereinzelte Citate keinen Beweis dafür liefern können, dass die Klassiker die besonderen Verhältnisse vielfach und in entscheidender Weise vernachlässigt hätten, so haben sie mit der Frage der Methode überhaupt nichts zu thun und sind ohne jeden Belang für die Thatsache, dass der von den historischen Volkswirthen gegen die Klassiker erhobene Vorwurf der Abstraction von den kulturellen, zeitlichen und örtlichen Verhältnissen haltlos ist.

Man muss übrigens selbst diese Detailkorrekturen der historischen Volkswirthe mit grosser Vorsicht aufnehmen. Knies citiert als Beispiel für die Vernachlässigung der besonderen Verhältnisse folgende Stelle Smith's: „Grund und Boden ist ein Gegenstand, der nicht weggebracht werden kann, während Kapitalien sich leicht wegbringen lassen. Der Eigenthümer von Ländereien ist nothwendig ein Bürger desjenigen Landes, in welchem sein Gut liegt. Der Eigenthümer eines Kapitals ist genau genommen ein Weltbürger und keineswegs an dieses oder jenes Land gebunden."[1])

Diese Stelle weist bloss darauf hin, dass das wirthschaftliche Band, welches die einzelnen Individuen an ihre Heimat fesselt, ein verschieden festes ist, je nachdem sie Grundbesitzer oder Kapitalisten sind. Jeder Finanzminister wird diese richtige Beobachtung in vollem Umfange bestätigen, und in der That führt S m i t h jene Thatsache nur als einen der Umstände an, welche „bewirken, dass der Geldzins sich weit weniger zu einer direkten Besteuerung eignet, als die Grundrente."[2]) S m i t h ' s Ansicht tritt übrigens klar in den folgenden Worten hervor: „Die Heimat ist der Mittelpunkt, wenn ich so sagen darf, um welchen die Kapitalien der Landesbewohner fortwährend umlaufen und nach welchem sie beständig streben, obgleich sie manchmal durch besondere Ursachen auch abgestossen und nach entfernteren Beschäftigungen hingetrieben werden können."[3])

Der von den historischen Volkswirthen gegen die klassische Nationalökonomie erhobene Vorwurf, dass sie die kulturellen, zeitlichen und örtlichen Verhältnisse ausser Acht lasse, ist demnach durchaus unbegründet. Thatsache bleibt, dass die historische Schule sich in ungleich höherem Masse als die klassische mit den besonderen Verhältnissen im Gegensatze zu den allgemeinen beschäftigt. Diese Verschiedenheit zwischen den beiden Richtungen bedeutet aber, wie wir gesehen haben, n i c h t das, was die historischen Volkswirthe hinein legen möchten, dass nämlich die klassische Nationalökonomie einen schweren Fehler begangen und der Histo-

---

[1]) B. V Ch. II S. 383 Sp. 1.   Knies, Die pol. Oek. v. gesch. Standp. 1853 S. 275 u. S. 272.

[2]) B. V Ch. II S. 382 ff. Article II: T a x e s upon profit, or upon the revenue arising from stock. „There are, however, two different circumstances which render the interest of money a much less proper subject of direct taxation than the rent of land. First, the quantity and value of the land which any man possesses can never be a secret . . . . . Secondly, Land is a subject which cannot be removed, whereas stock easily may . . . . . The proprietor of stock is properly a citizen of the world, and is not necessarily attached to any particular country."

[3]) B IV Ch. II S. 199. „Home is in this manner the centre, if I may say so, round which the capitals of every country are continually circulating, and towards which they are always tending, though by particular causes they may sometimes be driven off and repelled from it towards more distant employments."

rismus die Wissenschaft durch Beseitigung desselben gefördert habe. Die wahre Bedeutung des in dieser Beziehung zwischen der klassischen und historischen Richtung bestehenden Gegensatzes ergibt sich aus der Betrachtung des wissenschaftlichen Charakters der historischen Schule. Ihre Vertreter beschäftigen sich fast ausschliesslich mit der Sammlung von Material, der Häufung äusserer Beobachtungen, statistischer und geschichtlicher Deskription im Zusammenhange mit beschränkten Abstractionen aus den uns durch die Wirthschaftsgeschichte vermittelten Thatsachen (mit Parallelismen der Wirthschaftsgeschichte). Die höchsten theoretischen Aufgaben, die Erforschung der elementaren Erscheinungen und der grundlegenden Principien werden von ihnen vernachlässigt. Sie sind sich dieses Mangels an theoretischem Geiste nicht als einer Schwäche bewusst, sondern betrachten denselben vielmehr als Richtlinie für die weitere Entwicklung der Wissenschaft. Indem die historischen Volkswirthe die Lehren der Klassiker von diesem Standpunkte aus beurtheilen, bezeichnen sie das zur Gewinnung neuer wissenschaftlicher Erkenntnisse geeignete, einem gesunden theoretischen Sinne entsprungene richtige Verhältnis, welches in den Werken der Klassiker zwischen der Beobachtung des Allgemeinen und des Besonderen, der Gesetze und der Ausnahmen herrscht, als Vernachlässigung der besonderen Umstände und erheben gegen Smith und seine Schüler den, wie wir gesehen haben, ganz ungerechtfertigten Vorwurf, dass sie die Besonderheiten des Berufes, der Klasse, der Nationalität, des Zeitalters und der Kulturstufe übersehen und sich in leere Abstractionen verlieren.

2. Abstraction von allen Unterschieden zwischen den Menschen.

Brentano wirft der klassischen Nationalökonomie zweitens vor, dass sie einen von allen Besonderheiten des Berufes und der Klasse freien Menschen geschaffen habe, überhaupt keine Unterschiede zwischen den verschiedenen Individuen kenne, sondern alle Menschen als einander gleich ansehe.[1]

[1] Brentano, Die klass. Nationalök. S. 3 ff. An anderer Stelle sagt Bren-

2. Abstraction von allen Unterschieden zwischen den Menschen.

Blicken wir in die Werke der Klassiker, um uns zu überzeugen, ob das Urtheil über dieselben in diesem Punkte grössere Berechtigung hat, als in dem zuerst geprüften.

Smith führt als Momente, auf welchen die Ueberlegenheit eines Menschen über den anderen beruht, an: 1) Die Verschiedenheit der natürlichen Anlagen, Kraft, Schönheit u. s. f.[1]), 2) die Verschiedenheit des Alters, 3) die Verschiedenheit des Vermögens, 4) die Verschiedenheit der Geburt.[2]) Wir haben schon gesehen,[3]) wie Smith die auf diese Momente aufgebaute Klassenschichtung im Fortgange der geschichtlichen Entwicklung schildert. Die zwischen den Menschen bestehenden Klassenverschiedenheiten nachdrücklich hervorhebend, charakterisiert er die Geistlichen,[4]) die Grossgrundbesitzer,[5]) die Meier und Pächter,[6]) die Kaufleute und Fabrikanten[7]) und die Arbeiter.[8])

Inno: Smith „lehrt, dass alle Menschen gleich seien". (Das Arbeitsverhältnis gemäss dem heutigen Recht 1877, S. 62). — Knies behauptet, Smith denke „die Menschen sind von Natur gleich organisiert". „Die pol. Oek. v. gesch. Standp. 1883 S. 270). Schmoller: „Die nationalökonomischen Theoretiker jener Tage gehen — vor allem Adam Smith selbst — von dem Gedanken aus, dass alle Menschen gleich seien." (Zur Social- u. Gewerbepol. S. 143. — Ebenso Handwörterbuch der Staatswissensch., Artikel „Volkswirthschaft" S. 546.)

[1]) B. V. Ch. I. S. 320. „The causes or circumstances which naturally introduce subordination, or which naturally and antecedent to any civil institution, give some men some superiority over the greater part of their brethren, seem to be four in number. The first of those causes or circumstances is the superiority of personal qualifications, of strength, beauty and agility of body; of wisdom and virtue, of prudence, justice, fortitude, and moderation of mind. . ."

[2]) Ibid.
[3]) S. o. S. 6.
[4]) B. V Ch. I S. 393 ff.
[5]) B. I Ch. XI S. 115 ff., B. III Ch. II S. 171 Sp. 2. „In the disorderly times which gave birth to those barbarous institutions, the great proprietor was sufficiently employed in defending his own territories, or in extending his jurisdiction and authority over those of his neighbours. He had no leisure to attend to the cultivation and improvement of land. When the establishment of law and order afforded him this leisure, he often wanted the inclination, and almost always the requisite abilities." „To improve land with profit, like all other commercial projects, requires an exact attention to small savings and small gains, of which a man born to a great fortune, even though naturally frugal, is very seldom capable. The situation of such a person naturally disposes him to attend rather to ornament, which pleases his fancy, than to profit, for which he has so little occasion u. s. f."

[6]) B. III Ch. II S. 173 u. passim.
[7]) B. I Ch. XI S. 116 Sp. 2, B. III Ch. IV S. 181 Sp. 2. „Those different habits naturally affect their temper and disposition in every sort of business. The

2. Abstraction von allen Unterschieden zwischen den Menschen.

Ueberall dort, wo ihm dies für den Zusammenhang der wirthschaftlichen Erscheinungen als wesentlich erscheint, hebt er die Eigenart des landwirthschaftlichen Arbeiters im Gegensatze zu jener des gewerblichen und commerciellen Arbeiters hervor. Er weist auf den zünftigen Betrieb der Gewerbe und auf den zünftigen Geist hin, welcher selbst in den nicht zunftmässig organisierten städtischen Unternehmungen im Gegensatze zu der nicht zünftlerischen Organisation der Landwirthschaft zu beobachten sei und untersucht die Ursachen dieser Erscheinung.[1] Er beachtet die geringere Arbeitstheilung in den landwirthschaftlichen, die fortgeschrittenere in den gewerblichen Betrieben und erklärt dies aus der verschiedenen Natur derselben.[2] Smith weist auf die relative Lässigkeit der Arbeiter auf dem Lande im Gegensatze zu der Arbeitsenergie der städtischen Arbeiter und auf die Ursachen dieser Erscheinung hin.[3] Er betont und erklärt die universellere Intelligenz des landwirthschaftlichen Arbeiters im Gegensatze zu der einseitigen (wenngleich in gewisser Hinsicht intensiveren) des städtischen Arbeiters.[4] Er hebt den Unterschied zwischen den „different sorts of labour", zwischen „skilled labour" und „common labour", die individuellen Unterschiede zwischen den Arbeitern und insbesondere die Verschiedenheit des freien Arbeiters vom Sklaven hervor.[5]

Wie Smith die Verschiedenheit zwischen den Menschen verschiedener Kulturperioden und verschiedener Völker beobachtet, hat uns schon die Prüfung des ersten Punktes der historischen Kritik gezeigt.[6]

Nach Say haben die grossen Unterschiede im Erfolge, welchen die in demselben Erwerbszweige thätigen Menschen aufzuweisen

---

merchant is commonly a bold, a country gentleman a timid undertaker. The one is not afraid to lay out at once a large capital upon the improvement of his land, when he has a probable prospect of raising the value of it in proportion to the expense, the other, ..."

[a] Mit den Folgerungen, welche Smith aus den Klassenverschiedenheiten der Unternehmer und Arbeiter für die Gestaltung der Lohnverträge zieht, haben wir uns S. 9 ff. beschäftigt.

[1] B. I Ch. X S. 57 ff.
[2] B. I Ch. I S. 3 ff.
[3] B. I Ch. I S. 5 Sp. 1.
[4] B. I Ch. X S. 58.
[5] B. I Ch. V S. 14 Sp. 1, Ch. VIII S. 37 Sp. 2 ff., Ch. X S. 46 Sp. 1, Ch. XI S. 74 Sp. 1 u. s. f.
[6] a. o. S. 6 ff.

haben, ihre Ursache zum grossen Theile in der Ungleichheit der natürlichen Anlagen.¹) Say zeigt, welche verschiedenen Eigenschaften für die Berufe des Gelehrten, des Unternehmers und des Arbeiters erforderlich seien und wie sich dieselben mit den besonderen Verhältnissen der verschiedenen Berufe komplizieren.²) Bei zu weit vorgeschrittener Arbeitstheilung degenerieren die natürlichen Anlagen und zwar sowohl beim Arbeiter als bei den höheren Berufen und es entstehe eine die Menschennatur entwürdigende Einseitigkeit.³) Wie die einzelnen durch ihre besonderen Anlagen, so unterscheiden sich die Völker von einander durch die allgemeinen psychologischen und moralischen Qualitäten der Volksgenossen. „In jedem Lande und in jeder Provinz", sagt Say, „finden sich nationale Charaktere, welche der Entwicklung der Gewerbthätigkeit zuweilen günstig, zuweilen schädlich sind."⁴) Je nach den Anlagen der Bevölkerung werde ein Land gewisse Industriezweige betreiben oder nicht.⁵) Es gebe apathische Völker, für welche die Befriedigung und der Erfolg der Arbeit das Vergnügen am Nichtsthun nicht aufzuwiegen vermögen.⁶) „Ein deutscher oder englischer Arbeiter," sagt Say, „ist ganz bei seiner Arbeit; nichts kann ihn zerstreuen; er will das Objekt, an dem er arbeitet, nicht unvollendet aus der Hand geben. In Frankreich ist er nur allzu oft nachlässig und wenig auf die Vollendung erpicht ... Ein spanischer Arbeiter zieht es vor, sich schlecht zu kleiden und schlecht zu essen, ehe er die geringste Arbeit auf sich nimmt."⁷)

¹) Traité B. II S. 265. „Mais ce qui ne peut en aucune façon s'accomoder au système des compensations, ce sont les immenses disparités qu'établit dans les profits industriels et dans les carrières semblables, la différence des dispositions naturelles, d'où naît la différence des talens acquis."
²) Ibd. S. 266 ff., Cours I P. I Ch. VI, Cours II P. V passim.
³) Traité B. I S. 93 ff.
⁴) Cours. B. I S. 99. „Il y a dans chaque pays, et même dans chaque province, des caractères nationaux qui sont quelquefois favorables, quelquefois contraires aux développements de l'industrie."
⁵) Traité. B. II S. 247, B I S 369.
⁶) Traité, B. II S. 160.
⁷) Cours I. S. 99 „Un ouvrier allemand ou anglais est tout entier à son ouvrage; rien ne peut l'en distraire; il souffre difficilement que l'objet qu'il travaille sorte de ses mains dans un état d'imperfection. En France, il est trop souvent léger et peu curieux de la perfection: il aime à se laisser distraire; il rit, il chante; mais la gaîté ne fait pas le bonheur et encore moins l'aisance. Il y a d'autres pays où une paresse incurable est fort contraire aux progrès de l'industrie. Un ouvrier espagnol aime mieux aller mal vêtu et se nourrir à peine que s'assujétir au moindre travail."

2. Abstraction von allen Unterschieden zwischen den Menschen.

Die Eintheilung der ökonomischen Subjekte in die Grundbesitzer, Kapitalisten und Arbeiter bildet die fundamentale Unterscheidung Ricardo's, auf welcher alle seine Betrachtungen beruhen. Er lässt die Verschiedenheit der wirthschaftlichen Persönlichkeit des landlord, capitalist, labourer in der ganzen Einkommens-[1]) und in der Steuerlehre [2]) scharf hervortreten, und auch sonst inbezug auf die Folgen eines plötzlichen Wechsels der Verkehrsverhältnisse, [3]) die Folgen der Einführung von Maschinen, [4]) die Wirkungen des steigenden Geldwertes [5]; u. s. f. Die Verschiedenheit der Arbeiter,[6]) der Grundbesitzer, welche bald „sober minded proprietors" bald „gamblers" sein können, [7]) und der Producenten überhaupt, beachtet Ricardo nicht nur im einzelnen, sondern bringt sie in seiner Preislehre in die Form eines Gesetzes, welches dahin lautet, dass sich der Preis einer Sache durchschnittlich darnach richte, wie viel Arbeit sie den mit den geringsten „peculiar faculties of production" ausgestatteten Producenten koste. [8])

Malthus führt uns die wichtigsten Volkstypen der ganzen Erde in ihrer Verschiedenheit vor. Wie soll ich einzelne Beispiele aus dieser unerschöpflichen Fülle herausgreifen? Ich muss mich begnügen ganz im allgemeinen, z. B. auf das 3. bis 14. Kapitel des

---

[1]) Ch. II, V, VI passim.
[2]) Ch. VIII ff. passim.
[3]) Ch. XIX S. 159 ff. u. Works S. 487. „The commercial class are liable to stagnation of business; a market for which they have prepared their goods may, during war (and it is only during war that such advances have been made) be shut against them. On the probability of selling their goods, they have given bills which are becoming due, and their character and fortune depend on fulfilling their engagements. All they want is time; .... Is the situation of the farmer any thing like this? Has he bills becoming due? Do all his future transactions depend on his momentarily sustaining his credit? Are markets ever wholly shut against him? Is it a mere supply of money to meet his bills that he requires? The cases are most widely different, and the analogy which is attempted to be set up between them fails in every particular."
[4]) Ch. XXXI S. 235 u. 236, Ricardo führt seine Ansicht über die Bedeutung der Maschinen für den landlord, capitalist, labourer des näheren aus und setzt dann hinzu: „These were my opinions, and they continue unaltered, as far as regards the landlord and the capitalist; but I am convinced that the substitution of machinery for human labour is often very injurious to the interests of the class of labourers."
[5]) Works S. 488, 489.
[6]) Ch. I S. 15.
[7]) Ch. XIV S. 121.
[8]) Ch. I S. 37 ff.

ersten und das 1. bis 10. Kapitel des zweiten Buches seines Essay hinzuweisen.

Die historischen Volkswirthe aber führen nicht einmal dafür einen Beweis, dass die Klassiker die Unterschiede zwischen den Menschen in nicht genügender Weise in Betracht ziehen. Sie citieren hiefür nur folgende Stelle des Smith: „Die Verschiedenheit der natürlichen Talente bei den verschiedenen Menschen ist in Wahrheit viel geringer als es uns erscheint; und die so grossen Unterschiede der Begabung, welche zwischen den verschiedenen Berufen angehörenden Menschen vorhanden zu sein scheinen, sind in vielen Fällen nicht so sehr die Ursachen als die Folgen der Arbeitstheilung. Der Unterschied zwischen den verschiedensten Individualitäten, z. B. zwischen einem Philosophen und einem gewöhnlichen Lastträger entspringt, wie es scheint, nicht so sehr aus ihrem natürlichen Wesen, als aus den Verhältnissen, der Gewöhnung und Erziehung."[1] Knies folgert hieraus, Smith denke: „Die Menschen sind von Natur gleich organisiert;"[2] Brentano sogar: Smith „lehrt, dass alle Menschen gleich seien."[3] Wenn Smith sagt, die natürliche Verschiedenheit zwischen den Menschen sei geringer als sie uns erscheint, so behauptet er schon damit, dass es eine solche Verschiedenheit gebe, und es ist ganz unbegreiflich, wie Knies aus dieser Stelle folgern kann, Smith betrachte alle Menschen als von Natur gleich organisiert. Wir haben übrigens schon früher gesehen, wie Smith die Verschiedenheit der natürlichen Anlagen betont.[4] Während bei den Thieren die besonderen Vermögen des einen dem anderen nichts nutzen, sagt Smith, seien unter den Menschen die unähnlichsten Anlagen einander von Nutzen.[5] Smith weist in

---

[1] B. I Ch. II S. 7 Sp. 2. „The difference of natural talents in different men is, in reality, much less than we are aware of; and the very different genius which appears to distinguish men of different professions, when grown up to maturity, is not, upon many occasions, so much the cause as the effect of the division of labour. The difference between the most dissimilar characters, between a philosopher and a common street-porter, for example, seems to arise, not so much from nature, as from habit, custom and education."
[2] Die pol. Oek. u. gesch. Standp. S. 270.
[3] Das Arbeitsverhältniss gemäss dem heutigen Recht. Lpzg. 1877, S. 62.
[4] s. o. S. 20.
[5] B. I Ch. II S. 8 Sp. 1. „Each animal is still obliged to support and defend itself, separately and independently, and derives no sort of advantage from the variety of talents with which nature has distinguished its fellows. Among men, on the contrary, the most dissimilar geniuses are of use to one another."

der oben citierten Stelle nur auf die unbestreitbare Thatsache hin, dass die Verschiedenheiten zwischen den Menschen zum grossen Theile von der Gewohnheit, den Verhältnissen und der Erziehung herstammen.[1]) Dieses Hauptcitat der historischen Volkswirthe spricht gerade dagegen, wofür sie es anführen, dagegen nämlich, dass Smith alle Menschen als gleich betrachte und nur den „abstrakten Menschen im luftleeren Raume vor Augen habe."[2])

Auch dieser zweite gegen die klassische Nationalökonomie gerichtete Vorwurf ist ganz grundlos.

Zum Schlusse nur noch eine Bemerkung über die Art und Weise, in welcher Brentano sich die Berücksichtigung besonderer Verhältnisse in der Volkswirthschaftslehre denkt. Er vergleicht die klassische Nationalökonomie mit der klassischen Bildhauerei. Für die letztere, sagt er, gelte es allgemein als charakteristisch, dass sie bei ihren Darstellungen die individuellen Besonderheiten zu Gunsten des allgemein Menschlichen übersehe. Aus der Wirklichkeit seien wenige Züge herausgenommen, andere Züge dagegen seien fortgelassen. So sei ein abstracter Mensch geschaffen, ein Ideal, dem keine Wirklichkeit, oder diese nur in wenigen Exemplaren entspreche. Daher fehlten bei den der klassischen Richtung zugehörigen Bildwerken jene Falten und Runzeln, in welchen soviel von dem individuellen Geiste des Einzelnen zum Ausdrucke gelange, dass wir sie im Leben ohne dieselben gar nicht erkennen würden. Bei manchen Büsten und Statuen lasse sich überhaupt nur aus gewissen conventionellen Beigaben erraten, was damit gemeint sei. Und habe nicht die moderne, vervielfältigende Industrie vielfach durch Ersetzung dieser Zutaten durch andere mittelst derselben Figuren die beliebigsten Gedanken plastisch darzustellen gesucht? An Stelle des wirklichen Menschen sei ein abstracter Mensch getreten und gebe man der Figur mit der Schaufel statt dieser einen Geldbeutel in die Hand, so sei diese Abstraction plötzlich ein Kaufmann, wie sie vordem ein Bauer gewesen ist.[3])

Ich gedenke nicht, mich auf eine Besprechung dieser ästhetischen Ansichten Brentano's einzulassen, aber ich kann die Frage nicht

---

[1]) Ibd. S. 7 Sp. 2. The difference between the most dissimilar characters, between a philosopher and a common street-porter, for example, seems to arise, not so much from nature, as from habit, custom and education".

[2]) Brentano, Die klass. Nat.-Oek. S. 32, No. 20.

[3]) Brentano, Die klass. Nat.-Oek. S. 2 ff.

unterdrücken: Sollte Brentano denn gar keine Ahnung davon haben, dass die grossen Künstler aller Zeiten ihr Genie nicht minder durch das Weglassen der für ihre Aufgabe unwesentlichen, als durch das Beibehalten der wesentlichen Züge der Wirklichkeit bewiesen haben? Die grossen Meister der Bildhauerei von Phidias, Skopas und Praxiteles bis auf Canova, Thorwaldsen, Schwanthaler und Rauch haben sich nach Brentano's Ansicht auf einem Irrwege befunden, weil sie nicht „die volle empirische Wirklichkeit", sondern (mit Ausserachtlassung des mit Rücksicht auf den darzustellenden Gegenstand Unwesentlichen) das allgemein Menschliche zum künstlerischen Ausdrucke brachten! Nach der neuen Aesthetik „der Falten und Runzeln" sind wohl die Erzeugnisse gewisser das Nebensächliche in seiner vollen empirischen Wirklichkeit darstellender Bildhauer-Schulen oder gar sorgfältig gearbeitete, jede Falte, Runzel und Warze genau wiedergebende Wachsfiguren das höchste Kunstideal. Das Urtheil Brentano's über die klassische Bildhauerkunst ist in der That noch gelungener als das, welches er über die klassische Nationalökonomie fällt.

3. Abstraction von allen Triebfedern menschlichen Handelns ausser dem Egoismus.

Der dritte Vorwurf lautet: die klassische Nationalökonomie sehe den Menschen als nur von dem egoistischen Erwerbstriebe geleitet an. Neben dem Streben nach dem grösstmöglichen Gewinne kenne sie nur noch den Geschlechtstrieb und abstrahiere von allen anderen Triebfedern menschlichen Handelns. Die individuelle Dummheit als Motiv unserer Handlungen übersehe sie gänzlich.[1])

---

[1]) Brentano, Die klass. Nationalök. S. 3 ff. — Roscher, System I. 1886 S. 12 und Zur Grundungsgeschichte des Zollvereins S. 38 ff. — Knies wirft dem Smith vor, dass er „die Selbstliebe und den Eigennutz als die einzige Triebfeder aller menschlichen Handlungen annimmt und den bestimmenden Einfluss anderer

Der Historismus stellt sich auch in dieser Beziehung in Gegensatz zu der klassischen Nationalökonomie.

Betrachten Smith und seine Schüler in der That den Egoismus als die einzige Triebfeder, welche auf dem Gebiete des Wirthschaftslebens in Wirksamkeit tritt?

Smith brandmarkt den Egoismus, die Selbstsucht, wo immer sie ihm entgegentritt.[1] „Die Kaufleute und Handwerker handelten," sagt Smith z. B., „aus dem Krämerprincip, dem Pfennig nachzulaufen, wo ein Pfennig zu haben ist."[2] Den Gemeinsinn, die Humanität, das Wohlwollen betrachtet er als konstitutive Faktoren der realen Erscheinungen menschlicher Wirthschaft. Allerdings sagt Smith an einer Stelle, im wirthschaftlichen Verkehre komme vorwiegend das Selbstinteresse in Betracht.[3] Dieser Satz ist indess unbestreitbar richtig. Stellt doch Smith gerade an dieser Stelle

---

Triebe entschieden in Abrede stellt". (Die pol. Oek. v. gesch. Standp. S. 271.) — „In dieser Erhebung des individuellen Vortheils zum obersten Princip der ökonomischen Wissenschaft", sagt Hildebrand (Die Nationalök. d. Gegw. u. Z. S. 31), „liegt auch zugleich der Mangel jeder Beziehung derselben zur sittlichen Aufgabe des Menschengeschlechtes, und man hat deshalb endlich auch nicht mit Unrecht an der Smith'schen Lehre den Materialismus getadelt." — Schmoller behauptet, die klassische Nationalökonomie habe gelehrt, „dass jeder Egoismus berechtigt sei, der mit dem Strafgesetze nicht in directen Conflict kommt". (Zur Social- u. Gewerbepol. S. 124.) Sie betrachte die Volkswirthschaft als „System individueller egoistisch handelnder Kräfte". (Handwörterbuch der Staatsw. Artikel „Volkswirthschaft" S. 537.)

[1] B. IV Ch. II S. 203 Sp. 1. „Country gentlemen and farmers are, to their great honour, of all people the least subject to the wretched spirit of monopoly." — S. 207 Sp. 2, Ch. III S. 218 Sp. 2 ff. „The impertinent jealousy of merchants and manufacturers" „the sneaking arts of underling tradesmen". — Ch. V S. 233 Sp. 2: „Though from excess of avarice, in the same manner, the inland corn merchant should sometimes raise the price of his corn somewhat higher than the scarcity of the season requires ... The corn merchant himself is likely to suffer the most by his excess of avarice; not only from the indignation which it generally excites against him. ... — Ch. VII S. 252 Sp. 1 u. 2, Ch. VIII S. 290 Sp. 1, S. 296 Sp. 2, S. 297 Sp. 1, B. I Ch. X S. 59, B. II Ch. III S. 155.

[2] B. III Ch. IV S. 185 S. 1.

[3] B. I Ch. II S. 7 Sp. 1: „but man has almost constant occasion for the help of his brethren, and it is in vain for him to expect it from their benevolence only." „It is not of the benevolence of the butcher, the brewer, or the baker, that we expect our dinner, but from their regard to their own interest." „Nobody but a beggar chooses to depend chiefly upon the benevolence of his fellow citizens".

fest, dass, in Verbindung mit dem Selbstinteresse, Humanität und Wohlwollen im Wirthschaftsleben zur Geltung gelangen. Der Mensch würde, führt nämlich Smith daselbst aus, im allgemeinen die Hilfe seiner Nebenmenschen, der er bei fortgeschrittener Arbeitstheilung unaufhörlich bedarf, vergeblich von dem Wohlwollen derselben allein (from their benevolence only) erwarten. Den grössten Theil (far the greater part) der erforderlichen Dienste verschaffen wir uns vielmehr, indem wir uns an das Eigeninteresse des Fleischers und Bäckers wenden. In Ausnahmsfällen, wie bezüglich derjenigen, welche von Almosen leben, sei der Wohlthätigkeitssinn fast allein thätig.[1]) Wenn das Ausleihen des Geldes dem Leiher keinen Vortheil bringen würde, sagt Smith an anderer Stelle, so „wären Freundschaft oder Mildthätigkeit die einzigen Gründe, die jemand bewegen könnten, Geld zu verleihen."[2]) Bedeutet das eine Abstraktion von allen Triebfedern menschlichen Handelns ausser dem Egoismus?

Bei der Wahl des Berufes und bei der Einkommensbildung spielen nach Smith nicht etwa nur das Streben nach dem grösstmöglichen Gewinne, sondern die verschiedensten Triebfedern menschlichen Handelns eine Rolle, und zwar sowohl in einer die Einkommenshöhe ganzer socialer Klassen bestimmenden als in einer die Gestaltung der Einzelfälle beeinflussenden Weise.[3]) So führt Smith z. B. aus: „Die Schönheit der Natur, die Freuden des Landlebens, die Ruhe des Gemüthes und die Unabhängigkeit, welche das Land gewährt, bewegen die Menschen, ihr Kapital lieber auf den Landbau, als auf die Gewerke und den Handel zu wenden.[4]) Humanität, Güte, Liebe, Hass, Stolz, Eitelkeit, Gewohnheit u. s. f.

---

[1]) Ibd.

[2]) B. I Ch. IX S. 44 Sp. 1: „The lowest ordinary rate of interest must, in the same manner, be something more than sufficient to compensate the occasional losses to which lending, even with tolerable prudence, is exposed. Were it not more, charity or friendship would be the only motives for lending."

[3]) B. I Ch. X S. 45 Sp. 2, S. 48, 50 u. passim, B. I Ch. VIII S. 30 Sp. 2, Ch. XI S. 66 Sp. 2, S. 116 Sp. 2, B. II Ch. IV S. 159, B. V Ch. I S. 323 Sp. 1, Ch. II S. 411 Sp. 1.

[4]) B. III Ch. I S. 169 Sp. 1: „The beauty of the country, besides the pleasures of a country life, the tranquillity of mind which it promises, and wherever the injustice of human laws does not disturb it, the independency which it really affords, have charms that more or less attract everybody."

beachtet Smith als Triebfedern wirthschaftlichen Handelns in den verschiedensten Richtungen.[1])

Say hebt die Einwirkung der verschiedenen Motive auf die menschliche Erwerbs- und Ausgabenwirthschaft kräftig hervor. „Die Verbrauchswirthschaft jedes einzelnen," sagt Say, „hängt stets mit seinem Charakter und seinen Trieben zusammen. Die edelsten und die niedrigsten Motive üben da wechselnd ihren Einfluss. Der Mensch wird durch seine sinnlichen Neigungen, durch Eitelkeit, Grossmuth, Rachedurst, Begierde zu Ausgaben angestachelt — weise Voraussicht, grundlose Befürchtungen, Misstrauen, Egoismus halten ihn davon zurück. Bald haben die einen bald die anderen Triebe das Uebergewicht und lenken den Menschen bei dem Gebrauche, den er von seinen Mitteln macht."[2]) Die Bedeutung der verschiedenen Triebfedern für die Gestaltung der Erwerbswirthschaft und die Wahl des Berufes bringt Say sehr klar und deutlich zum Ausdrucke.[3]) Er weist ferner darauf hin, dass andere Motive als der Erwerbstrieb in grundlegender Weise bei den öffentlichen Hilfeleistungen, „secours publics", zur Geltung gelangen, welche zum Theile auf wohlverstandenem Eigeninteresse beruhen, zum Theile auf dem „sentiment de sympathie, de charité, bien antérieur au christianisme, et qui commande à tout homme non dépravé de compâtir aux maux de ses semblables."[4]) Auch die gelegentliche Beeinflussung des

---

[1]) B. I Ch. VIII S. 37 Sp. 2, Ch. X S. 54 Sp. 1, Ch. XI S. 79 Sp. 2, S. 87 Sp. 1, B. II Ch. III S. 150 ff., S 155 Sp. 1, Ch. V S 163 Sp. 2, B III Ch. I S. 170 Sp. 1, Ch. II S. 171 Sp. 1, S. 172 Sp. 2, S. 175 Sp. 2, Ch. III S. 178 Sp. 1, S. 180, Ch. IV S. 181 Sp. 2, S. 182 Sp. 1, S 183 Sp. 2, S. 184 Sp. 2, S. 185, B. IV Ch. I S. 195 Sp. 2, Ch. II S. 203 Sp. 1, S. 204 Sp. 1, S. 205 Sp. 2, S. 206 Sp. 1, Ch. III S. 208 Sp. 2, S. 218 Sp. 2, Ch. V S. 235 Sp. 1, S. 242 Sp. 2, Ch. VII. S. 249 Sp. 1, S. 263 Sp. 2, S. 278 Sp. 1, S. 280 Sp. 1 ff., Ch. IX S. 309, B. V Ch. I S. 319 Sp. 2, S. 328 Sp. 1, Ch. II S. 393, Ch. III S. 417 Sp. 2, S. 418 u. s. f.

[2]) Traité, B. III Ch. V S. 42 ff.

[3]) Traité B. II Ch. VIII S. 332. „Bien que les capitaux disponibles se composent de valeurs transportables, ils ne se rendent pas aussi facilement qu'on serait tenté de le croire, dans les lieux où ils obtiendraient de meilleurs profits. Le capitaliste qui en est propriétaire ou l'entrepreneur auquel on pourrait le confier, sont obligés d'entrer dans beaucoup de considérations, indépendamment de celle qui les porte à tirer de leur capital le plus gros profit. On répugne à le transporter dans l'étranger, ou dans un climat inhospitalier, ou même dans une province qui présente peu de ressources pour les plaisirs et la société." — S. 263, 258, 350, B. III S. 97.

[4]) Cours II. S. 358 ff.

30   3. Abstraction von allen Triebfeder menschlichen den Handelns etc.

Wirthschaftslebens durch verschiedene Motive bespricht Say an zahlreichen Stellen.[1])

Ricardo zieht bei der Lehre von der Einkommensbildung die verschiedensten Motive der handelnden Menschen in Betracht: Obzwar man erwarten sollte, sagt Ricardo, dass das Kapital aus Ländern mit geringerem Zinsfusse in diejenigen strömen werde, in welchen der Zinsfuss ein höherer ist, und obgleich dies ja für den Kapitalisten von Vortheil sein würde, zeige die Erfahrung doch, dass eingebildete oder thatsächliche Unsicherheit des Kapitales, das nicht unter der unmittelbaren Kontrole seines Eigenthümers steht, in Verbindung mit der natürlichen Abneigung eines jeden Menschen, sein Vaterland zu verlassen, seine Verbindungen zu lösen und sich mit allen seinen Gewohnheiten einer fremden Regierung, fremden Gesetzen anzuvertrauen, die Uebersiedlung des Kapitales sehr hindern. Diese Gefühle," fährt Ricardo fort, „welche geschwächt zu sehen mich betrüben würde, bestimmen die meisten Menschen, die Vermögen besitzen, sich lieber mit einem niedrigen Gewinnsatze in ihrem Vaterlande zu begnügen, als eine gewinnreichere Anlage für ihr Vermögen bei fremden Völkern zu suchen."[2])

Die Lohnhöhe hange in erster Linie von den nach Ort und Zeit verschiedenen Lebensgewohnheiten der Volksmassen ab.[3]) Jeder humane Mensch müsse die Arbeiter mit allen legalen Mitteln in ihren Bemühungen nach einer Verbesserung ihrer Lage unterstützen.[4]) Mitgefühl, Liebe zur Heimat, Streben nach Achtung, Gewohnheit u. s. f. kommen in Ricardo's Betrachtung des Wirthschaftslebens zur Geltung.[5])

Malthus sagt: „Obgleich der Wohlthätigkeitssinn in dem gegenwärtigen Zustande unseres Seins nicht das grosse bewegende Prin-

---

[1]) z. B. Traité B. I S. 278, B. II S. 168, 321, 336, B. III S. 41, 43.
[2]) Ch. VII S. 77. „Experience, however, shows, that the fancied or real insecurity of capital, when not under the immediate control of its owner, together with the natural disinclination which every man has to quit the country of his birth and connexions, and intrust himself, with all his habits fixed, to a strange government and new laws, check the emigration of capital. These feelings, which I should be sorry to see weakened, induce most men of property to be satisfied with a low rate of profits in their own country, rather than seek a more advantageous employment for their wealth in foreign nations".
[3]) Ch. V S. 50, 52, Ch. IX S. 93.
[4]) Ch. V S. 94.
[5]) z. B. Ch. IV S. 48, Ch. V S. 58, Ch. IX S. 94, Ch. XIII S. 115, Ch. XVI S. 144 ff., Ch. XVII S. 149 ff., Ch. XIX S. 159 ff.

cip der menschlichen Handlungen sein kann, so ist er doch, als sanfte Linderung der aus dem andern stärkeren Motive (dem Selbstinteresse) entspringenden Uebel, sehr wichtig für die menschliche Wohlfahrt; er ist der Balsam, die Tröstung und der Liebreiz des Menschenlebens, die Quelle unserer edelsten Bemühungen und unserer reinsten, schönsten Vergnügen." [1]) Malthus stellt die Wechselwirkung des Egoismus und Altruismus dar. Je edler und verständiger der Mensch, desto stärker sei der Altruismus in ihm. [2])

Wir dürften in allen Werken der Historiker vergebens nach einer solchen Abhandlung über den Altruismus suchen, wie sie in dem Ch. X des IV. B. des Essay enthalten ist: „Of the direction of our charity."

Das ganze Ch. I des IV. Buches handelt davon, dass die moralische Zurückhaltung unsere Triebe zurückdrängen müsse: „Of moral restraint." Welche Rolle dieses Motiv in Malthus' Werken überhaupt spielt, braucht man wohl niemandem, der sie gelesen hat, ins Gedächtnis zu rufen, ebensowenig, dass er das Pflichtgefühl als eine der wichtigsten Bedingungen der individuellen und allgemeinen Wohlfahrt betrachtet. Sollen wir noch Stellen anführen wie die folgende, in welcher Malthus sagt, dass dem Erwerbstrieb entgegenwirkende Motive viele Menschen bewegen ein Leben der Armut und der Ehelosigkeit zu führen, also gerade den Erwerbs- und Geschlechtsbetrieb zu verleugnen: „Es kann, meint Malthus, jemand sagen, es sei, wenn sich eine Gelegenheit zu vortheilhafter Auswanderung darbietet, die Schuld der Leute selbst, wenn sie, statt dieselbe zu ergreifen, ein Leben der Ehelosigkeit und Armut in der Heimat vorziehen. Ist es etwa," fährt Malthus fort, „ein Fehler, wenn ein Mensch sich zu dem

---

[1]) An Essay II S. 454. „But though benevolence cannot in the present state of our being be the great moving principle of human actions, yet, as the kind corrector of the evils arising from the other stronger passion, it is essential to human happiness. It is the balm and consolation and grace of human life, the source of our noblest efforts in the cause of virtue, and of our purest and most refined pleasures".

[2]) Ibd. S. 455. „In every situation of life there is ample room for the exercise of this virtue; and as each individual rises in society, as he advances in knowledge and excellence, as his power of doing good to others becomes greater, and the necessary attention to his own wants less, it will naturally come in for an increasing share among his constant motives of action. In situations of high trust and influence it ought to have a very large share, and in all public institutions it should be the great moving principle."

heimatlichen Boden hingezogen fühlt, die Eltern liebt, die ihn gezeugt haben, und seine Freunde und die Genossen seiner jungen Jahre? .... die Bande, welche die Natur in engen Windungen um das menschliche Herz geführt hat." [1])

Hat Smith ferner, wie Brentano behauptet, an der Auffassung, dass ein jeder selbst am besten erkenne, was sein Vortheil erheische, in „voller Consequenz" festgehalten, hat er die Thorheit und den Unverstand aus den Handlungen der Menschen weggfingirt?

Smith anerkennt im Gegentheile ausdrücklich, dass Irrthum, Thorheit, Leichtsinn und Unwissenheit die Wirthschaftserscheinungen beeinflussen. Er weist auf die absurde Überschätzung der eigenen Fähigkeiten und des eigenen Glückes seitens der Mehrzahl der Menschen hin und erklärt hieraus das häufige Unterlassen der Versicherungen gegen Feuergefahr etc.[2]), sowie die Erscheinung, dass sich immer Leute finden, welche Lotterielose, die schon ursprünglich nicht den Emissionspreis wert waren, in der Folge mit einem Aufgelde von 20—30 und mehr Procent bezahlen.[3]) Dieselben Motive leiten oft junge Leute bei ihrer Berufswahl.[4])

Wie wenig A. Smith den Arbeiter für einen berechnenden Spekulanten mit seiner Ware,[5]) wie er denselben vielmehr für ein seine ökonomischen Interessen nur allzu oft verkennendes Glied der Gesellschaft hält, geht aus allen seinen dem Arbeiterstande gewid-

---

[1]) An Essay II S. 57. „It will be said that when an opportunity of advantageous emigration is offered, it is the fault of the people themselves, if, instead of accepting it, they prefer a life of celibacy or extreme poverty in their own country. Is it then a fault for a man to feel an attachment to his native soil, to love the parents that nurtured him, his kindred, his friends, and the companions of his early years? Or is it no evil that he suffers, because he consents to bear it rather than snap these cords which nature has wound in close and intricate folds round the human heart?"

[2]) B. I Ch. X S. 49. „The neglect of insurance upon shipping, however, is the same manner as upon houses, is, in most cases, the effect of no such nice calculation, but of mere thoughtless rashness and presumptuous contempt of the risk".

[3]) B. I Ch. X S. 48 Sp. 2 ff.

[4]) Ibd. S. 49 Sp. 2 ff. „The contempt of risk and the presumptuous hope of success are in no period of life more active than at the age at which young people choose their professions. How little the fear of misfortune is then capable of balancing the hope of good luck, appears still more evidently in the readiness of the common people to enlist as soldiers, or to go to sea, than in the eagerness of those of better fashion to enter into what are called the liberal professions".

[5]) Brentano, Die klass. Nationalokonomie S. 7 u. 10.

3. Abstraction von allen Triebfedern menschlichen Handelns etc.

meten Erörterungen hervor. Der Arbeiter sei oft unfähig, sein Interesse richtig zu beurtheilen, habe keine Zeit, sich über die Verhältnisse zu orientieren; seine Lage und seine Gewohnheiten lassen ihn auch von den erworbenen Kenntnissen keinen Gebrauch machen.[1]) Noch viel weniger glaubt A. Smith, dass sich die ländliche Bevölkerung auf ihren Vortheil verstehe. Sie werde leicht durch die überlegenen Industriellen und Kaufleute getäuscht.[2]) Auch die Grundherren zeiht er der Ignoranz: „Den Grundeigenthümern mangelt nur allzuoft die Einsicht in ihr eigenes Interesse." „Ihre Indolenz macht sie sehr häufig nicht nur unwissend, sondern unfähig, jene Anstrengungen des Geistes auf sich zu nehmen, die man nöthig hat, wenn man die Folgen einer öffentlichen Massnahme vorhersehen oder verstehen will."[3]) Die Grundherren begnügen sich oft mit zu geringen Renten, die Pächter überzahlen manchmal Pachtungen.[3]) Auch die Unternehmer und Kaufleute lässt ihr Unverstand und ihre Unwissenheit in vielen Fällen den eigenen Vortheil verkennen.[4]) Vergleichungen zwischen Gewinn und Kosten neuer Entwürfe sind in der Regel höchst trüglich.[5]) Auf dem Gebiete der Preisbildung[6]) und des Geldwesens[7]) anerkennt Smith die Einwirkungen von Klugheit und Unklugheit.

---

[1]) B. I Ch. XI S. 116 Sp. 1. „But though the interest of the labourer is strictly connected with that of the society, he is incapable either of comprehending that interest, or of understandig its connexion with his own. His condition leaves him no time to receive the necessary information, and his education and habits are commonly such as to render him unfit to judge even though he was fully informed." B. V, Ch. I. S. 350 Sp. 2.

[2]) B. I Ch. XI S. 115 Sp. 2 u. S. 116 Sp. 1. „That indolence, which is the natural effect of the ease and security of their situation, renders them too often, not only ignorant, but incapable of that application of mind which is necessary in order to foresee and understand the consequences of any public regulation."

[3]) B. I Ch. XI S. 66 S. 2.

[4]) Z. B. B. IV Ch. V S. 232 Sp. 1. „The usual effect of such bounties is to encourage rash undertakers to adventure in a business which they do not understand, and what they lose by their own negligence and ignorance, more than compensates all that they can gain by the utmost liberality of government." — Ch. VII S. 289 Sp. 1. „The real interest of their masters, if they were capable of understanding it, is the same with that of the country, and it is from ignorance chiefly and the meanness of mercantile prejudice, that they ever oppress it." B. II Ch. III S. 149 Sp. 2 u. S. 151 Sp. 1 u. 2. B. IV Ch. I S. 191.

[5]) B. I Ch. XI S. 71 Sp. 1. „Such comparisons, however, between the profit and expense of new projects, are commonly very fallacious."

[6]) B. I Ch. V S. 17 Sp. 1: „the prudence or imprudence of all purchases and sales."

[7]) B. II Ch. II S. 131 Sp. 2 ff.: „Had every particular banking company

34   3. Abstraction von allen Triebfedern menschlichen Handelns etc.

Er kennt die Macht der Vorurtheile[1]) und der Thorheit.[2]) Die öffentlichen Vorurtheile seien so stark, dass die Regierung ihnen „nachgeben und, um die öffentliche Ruhe zu erhalten, dasjenige System einführen müsse, welches sie gutheissen."[3])

Es wäre ermüdend, wollte ich bei Say, Ricardo, Malthus auch hier wieder so viele Stellen anführen wie bei Smith. Ich begnüge mich deshalb mit wenigen Citaten, welche jeder, der die Werke der klassischen Nationalökonomen gelesen hat, beliebig vermehren kann. Say, welcher den Fortschritt des Wissens nur als eine Verminderung unserer Unwissenheit betrachtet, widmet das Ch. XIX P. III Cours I den durch den Unverstand der Bankleiter herbeigeführten „Abus de circulation". Die Grundbesitzer, die Unternehmer, die Völker zeiht er der Unwissenheit, Unerfahrenheit, des Aberglaubens.[4]) Ricardo spricht von ganzen Gebieten des wirtschaftlichen Verkehres, auf welchen es dem Publikum an dem nöthigen Verständnis fehle, und seine Unwissenheit ihm oft schweren Schaden zufüge.[5]) Der Irrthum übe Einfluss auf die Vertheilung der Kapitalien;[6]) aus Irrthum begnügen sich die Menschen oft mit einem geringeren Einkommen.[7]) Nachdem Ricardo das seiner Ansicht nach beste Princip für die Staatsschuldendeckung angegeben hat, fährt er fort: „Dieser Plan ist schon oft empfohlen worden; aber wir haben, fürchte ich, weder Weisheit noch Tugend genug, ihn anzunehmen."[8]) Ignorance, indolence, barbarisme anerkennt er in ihren mächtigen Wirkungen.[9])

---

always understood and attended to its own particular interest, the circulation never could have been over-stocked with paper money. But every particular banking company has not always understood or attended to its own particular interest, and the circulation has frequently been overstocked with paper money." B. IV Ch. VII S. 249 Sp. 2.

[1]) B. IV Ch. II S. 207 Sp. 2; Ch. III passim; Ch. V S. 238; Ch. VII S. 281 Sp. 2.

[2]) B. II Ch. III S. 151 Sp. 2; B. III Ch. I S. 168 Sp. 2; Ch. II S. 171 Sp. 1; B. IV Ch. I S. 189 Sp. 2; Ch. V S. 228 Sp. 2; Ch. VII S. 264 Sp. 1; B. V Ch. I S. 335 Sp. 1; Ch. II S. 394 Sp. 1.

[3]) B. IV Ch. V S. 241 Sp. 1. „The people feel themselves so much interested in what relates either to their subsistence in this life, or to their happiness in a life to come, that government must yield to their prejudices, and, in order to preserve the public tranquillity, establish that system which they approve of."

[4]) Cours I S. 158, 99, 98, 242 u. s. f.

[5]) Works. S. 408.

[6]) Ch. VII S. 77.

[7]) Ch. IV S. 48.

3. Abstraction von allen Triebfedern menschlichen Handelns etc. 35

Malthus sagt: Die Uebel „werden verringert durch unsere Kenntnis und Tugend, vermehrt durch unsere Thorheit und Indolenz".[1]) Er stellt immer wieder an Hunderten von Stellen die Bedeutung der „reason" und „foresight" einerseits, andrerseits der „indolence" und „ignorance" dar. Die Indolenz ist bei ihm ein „wichtiges allgemeines Princip der menschlichen Natur."[2]) Die Folge der Ignoranz sei eine Verminderung des jährlichen Produktes von Land und Arbeit.[3]) Sie hindere auf niedrigen Kulturstufen die Entwicklung der Gewerksthätigkeit.[4]) Sie sei ein mächtiger die ökonomischen Verhältnisse verschiebender Faktor.[5]) Die Indolenz beherrsche das Leben sehr fruchtbarer Länder wie Neu-Spaniens. Aehnliche Betrachtungen könne man in allen Staaten Europas machen.[6]) Sie beeinflusse das System der Landwirthschaft,[7]) verhindere die Vermehrung des Kapitales.[8]) Erst nach langer leidvoller Erfahrung erkenne man das für das menschliche Glück günstigste Verhalten.[9])

Und nun lese man folgende Stelle Knies': „Es muss hier darauf hingewiesen werden, dass Smith in der „Inquiry" folgerichtig und gleichfalls in Uebereinstimmung mit jener philosophischen Lehre, die Selbstliebe und den Eigennutz als die einzige Triebfeder aller menschlichen Handlungen annimmt und den bestimmenden Einfluss

---

[1]) Ch. XVII S. 149. „This scheme has often been recommended, but we have, I fear, neither wisdom enough, nor virtue enough, to adopt it."

[2]) Ch. V S. 53. „In those countries where there is an abundance of fertile land, but where, from the ignorance, indolence, and barbarism of the inhabitants, they are exposed to all the evils of want and famine . . . ." S. 58, 148 u. s. f.

[3]) An Essay II S. 284: „evils .... increased by human ignorance and indolence, and diminished by human knowledge and virtue".

[4]) Principles of political economy. 2. ed. London 1836 S. 423.

[5]) An Essay II S. 240. „The effect of ignorance and oppression will therefore always be to destroy the springs of industry, and consequently to diminish . . . ."

[6]) An Essay II S. 239.

[7]) Principles S. 336 ff. bis 351: „this indolence may make him prefer the luxury of doing little or nothing, to the luxury of possessing conveniences and comforts."

[8]) Ibd. S. 344 ff.

[9]) Ibd. S. 235, 342 u. Ch. III Sect. VII: „On the causes which may mislead the landlord in letting his lands, to the injury both of himself and the country."

[10]) An Essay II; S. 155.

[11]) Ibd. S. 257 ff. „In many other instances it has not been till after long and painful experience, that the conduct most favourable to the happiness of man has been forced upon his attention". Folgt die Ausführung.

anderer Triebe entschieden in Abrede stellt."[1]) Knies fügt hinzu, der einzige abbeugende Ausspruch finde sich B. I Ch. 11. Die Behauptung, dass es nur eine „abbeugende" Stelle gebe, beleuchtet, wenn man die Zahl der von mir angeführten Stellen dazuhält, grell die Art und Weise, in welcher die klassische Schule von der historischen kritisiert wird.

Doch gehen wir jetzt an die Betrachtung jener Aussprüche der Klassiker, welche von den historischen Volkswirthen als Beispiele für die Vernachlässigung aller nicht egoistischen Triebfedern menschlichen Handelns angeführt werden und die, wenn sie wirklich dem von den Historikern erhobenen Vorwurfe entsprächen, doch wenigstens einige Belege dafür liefern würden, dass die Klassiker die verschiedenen Motive zu wenig berücksichtigen.

Held citiert aus Smith: „Nicht von dem Wohlwollen des Fleischers, Brauers oder Bäckers, sondern von ihrem Eigennutze erwarten wir unsere Mahlzeit. Wir wenden uns nicht an ihre Menschenliebe, sondern an ihre Selbstliebe und stellen ihnen niemals unsere eigenen Bedürfnisse, sondern ihre Vortheile vor."[2]) Vor allem verschweigt Held, dass Smith an dieser Stelle die Befriedigung nur seines, wenn auch des weitaus grösseren Theiles der menschlichen Bedürfnisse von der Selbstliebe, die Befriedigung des anderen Theiles derselben aber vom Wohlwollen der Mitmenschen abhängen lässt.[3]) Was Smith hier im übrigen über die Bedeutung und Wirkung des „Selbstinteresses" sagt, beruht auf unbestreitbar richtiger Beobachtung. Er behauptet an dieser und allen anderen Stellen nicht mehr als auch z. B. Roscher oder Knies.[4])

Ganz ähnlich verhält es sich mit der folgenden von Knies citierten Stelle des Smith: „Sollte irgend ein öffentliches Unglück die republikanische Regierungsform in Holland zerstören und die

---

[1]) Die pol. Oek. vom gesch. Stp. S. 271.
[2]) Held, Zwei Bücher z. s. G. Engl. S. 171.
[3]) s. o S. 28.
[4]) S. z. B. Roscher, System I, S. 15. Knies, Die pol. Oek. v. gesch. Stp. S. 237: „Wie der Selbsterhaltungstrieb die erste Aeusserung der Selbstliebe ist, so zeigt sich das Streben nach dem Eigenwohle zunächst als Streben nach der Erlangung der zur selbstständigen Befriedigung des Eigenbedarfes nothwendigen Güter. Dass dieses Streben in jedem einzelnen lebendig sei und zum Ziele gelange, liegt nicht bloss im Interesse des Strebenden selbst, sondern auch jedes einzelnen neben ihm und der Gesellschaft im ganzen."

politische Wichtigkeit jener reichen Kaufleute vernichten, so würden diese alsbald mit ihren Kapitalien nach einem anderen Lande ziehen."[1]) Die Stelle lautet im Zusammenhange: „Um der Achtung und des Ansehens willen, das sie (die holländischen Kaufleute) in dieser Lage geniessen, sind sie gern bereit in einem Lande zu leben, wo ihnen ihre Kapitalien, wenn sie sie selbst verwenden, weniger Gewinn, und wenn sie sie verleihen, weniger Zinsen bringen, und wo sie mit den mässigen Einkünften, die sie aus ihren Kapitalien ziehen, weniger Lebensbedarf und Lebensgenüsse erkaufen können, als in irgend einem anderen europäischen Lande." „Sollte ein öffentliches Unglück ... die Wichtigkeit jener reichen Kaufleute gänzlich vernichten: so würden diese bald die Lust verlieren, in einem Lande noch länger zu leben, wo sie nicht mehr so geachtet wären."[2])

Dieses Citat ist gerade geeignet zu zeigen, wie Smith die verschiedenen Triebfedern unseres Handelns genau beachtet. Die Achtung und das Ansehen, sagt er, lassen die holländischen Reichen wirthschaftliche Nachtheile ertragen. Wären sie infolge eines politischen Umschwunges nicht mehr geachtet, so würde das ihrer Lust, in Holland zu leben, schweren Eintrag thun.

Sehr oft wird als Beleg für die „Alleinherrschaft des Egoismus" folgende Stelle des Ricardo citiert: „Für einen einzelnen, welcher ein Kapital von 20000 Pfund besitzt, dessen Gewinnst 2000 Pfund jährlich beträgt, würde es höchst gleichgültig sein, ob sein Kapital hundert oder tausend Menschen beschäftigt ... Ist nicht das wirkliche Interesse eines Volkes ein gleiches? Vorausgesetzt sein reines wirkliches Einkommen, seine Rente und sein Gewinnst seien dieselben, so ist von gar keiner Bedeutung, ob das Volk aus zehn oder zwölf Millionen Einwohnern besteht."[3])

Die Bedeutung einer grossen Bevölkerung, die Wohlfahrt von Millionen sind gleichgültige Thatsachen, nur auf das reine Einkommen kommt es an. Welch krasser Materialismus! Aber sehen wir doch, was Ricardo vorher, was er nachher sagt.

Seine Worte beziehen sich nämlich ausschliesslich auf die Frage, ob die Bevölkerungszahl an und für sich die Steuerkraft eines

---

[1] Knies, Die pol. Oek. v. g. Stp. S 273.
[2] B. V Ch. II S. 411.
[3] Principles. Ch. XXVI S. 210 u. 211.

Landes erhöhe. Ricardo[1]) fügt überdies ausdrücklich hinzu: „Nicht etwa auf Gründe irgend eines aus einer grossen Bevölkerung erwachsenden Vortheiles oder auf Gründe der Wohlfahrt, welche eine grössere Zahl menschlicher Wesen geniessen könnte, stützt A. Smith den Vorzug, welchen er derjenigen Kapitalanwendung gibt, die die grösste Menge von Arbeit in Bewegung setzt, sondern vielmehr ausdrücklich „on the ground of increasing the power (of paying taxes) of the country."[2]) D. h. Ricardo's Worte, es sei gleichgültig, ob ein Land 10 oder 12 Millionen Einwohner habe, beziehen sich nur auf die Frage nach der Steuerfähigkeit eines Landes, nicht aber auf die obigen Momente — die Bedeutung einer grossen Bevölkerung, die allgemeine Wohlfahrt. Jeden Zweifel in dieser Beziehung beseitigt die Anmerkung Ricardo's zu dieser Stelle, in welcher er sagt, man missverstehe ihn gänzlich, wenn man ihm supponire, er sehe das Glück so vieler Menschen als nichts an. Der Text zeige doch deutlich genug, dass seine Bemerkung nur auf das besondere von Smith angeführte Moment, die Steuerfähigkeit eines Landes, Bezug habe.[3])

Dieser Punkt des Urtheils der historischen Volkswirthe über die klassische Nationalökonomie hat sich, wie die vorhergehenden, als falsch erwiesen. Es besteht ein Gegensatz zwischen der in der historischen und der in der klassischen Nationalökonomie üblichen Betrachtung der Motive ökonomischen Handelns. Aber die von der historischen Schule zur Herrschaft gebrachte Auffassung dieses

---

[1]) Principles, Ch. XXVI S. 210.
[2]) Principles S. 211. Nach jener Stelle, in welcher Ricardo sagt, es sei gleichgültig, ob 10 oder 12 Millionen Menschen das Reineinkommen einer Nation erzeugen, fährt er fort: „The employing of a greater number of men would enable us neither to add a man to our army and navy, nor to contribute one guinea more in taxes. It is not on the grounds of any supposed advantage accruing from a large population, or of the happiness that may be enjoyed by a greater number of human beings, that Adam Smith supports the preference of that employment of capital, which gives motion to the greatest quantity of industry, but expressly on the ground of its increasing the power of the country, for he says, „that the riches and, so far as power depends upon riches, the power of every country must always be in proportion to the value of its annual produce, the fund from which all taxes must ultimately be paid."
[3]) M. Say has totally misunderstood me in supposing that I have considered as nothing the happiness of so many human beings. I think the text sufficiently shows that I was confining my remarks to the particular grounds on which A. Smith had rested it. Princ. Ch. XXVI S. 211 Anm.

Unterschiedes, nach welcher die Klassiker nur den Egoismus als Motiv anerkennen, ist eine durchaus verfehlte. In Wahrheit mangelt es den Vertretern des einseitigen Historismus an der zu tiefgreifender Analyse und entsprechender Synthese erforderlichen theoretischen Kraft, und sie verwirren selbst die schon von den Klassikern gewonnenen Erkenntnisse durch verschwommene Betrachtungen. Die historischen Volkswirthe formuliren diese ihre Schwäche als methodologisches Postulat, verlangen, dass die verschiedenen Seiten des Lebens und die verschiedenen Triebfedern menschlichen Handelns ungeschieden beobachtet werden sollen und erheben gegen die klassische Nationalökonomie wegen der bedeutsamen Analysen, durch welche dieselbe die Erscheinungen der Volkswirthschaft auf ihre „einfachen constitutiven Elemente zurückzuführen" suchte, den, wie wir gesehen haben, ganz irrigen Vorwurf, dass sie von allen Triebfedern menschlichen Handelns ausser dem Egoismus abstrahiere oder gar jeden mit dem Strafgesetze nicht collidirenden Egoismus als berechtigt hinstelle.

4. Abstraction von allen Interessengegensätzen.

An den eben besprochenen Vorwurf schliesst sich gewöhnlich die Behauptung an, die Klassiker hätten alle Interessengegensätze zwischen den einzelnen Individuen, Klassen und insbesondere zwischen den Individual- und Gemeininteressen geleugnet und angenommen, dass der freiwaltende Egoismus immer zum allgemeinen Wohle führe.[1]

---

[1] Hildebrand sagt, die Smith'sche Schule gehe von dem Grundsatze aus, „der Privategoismus führe immer von selbst mit Nothwendigkeit zum Gemeinwohl." (Die Nationalök. d. Gegw. u. Z., S. 32). — S. auch Roscher System I S. 17. — Held, Zwei Bücher zur socialen Gesch. Engl. S. 160. — Schmoller: Die Smith'sche Nationalökonomie „betrachtet die Volkswirthschaft unter dem Bilde eines natürlich

4. Abstraction von allen Interessengegensätzen.

Der Gegensatz zwischen dem Privat- und dem öffentlichen Interesse findet bei Smith volle Anerkennung. Interessen der Kaufleute, Handwerker, Getreidehändler, Lehrer, der regierenden Kreise u. s. f. zeigt er uns im Widerspruche mit dem gemeinen Wohle [1]) und verlangt, die gesetzgebende Gewalt solle „ihre Verordnungen nicht nach der lauten Zudringlichkeit parteiischer Interessen, sondern nach

harmonisch geordneten Systems individueller, egoistisch handelnder Kräfte" (Handwörterbuch der Staatswissensch., Artikel „Volkswirthschaft" S. 537). — Die Grundlosigkeit dieses Vorwurfes hat selbst einzelne historische Volkswirthe bewogen, denselben zuweilen fallen zu lassen, wie wir dies insbesondere bei Knies beobachten können (Die pol. Oek. v. gesch. Standp. S. 223, 225, 274).

[1]) B. I Ch. X S. 56 Sp. 2 ff.: „The same increase of competition would reduce the profits of the masters as well as the wages of the workmen. . . . . But the public would be a gainer, the work of all artificers coming in this way much cheaper to market." Ibd. S. 59 Sp. 1: „The clamour and sophistry of merchants and manufacturers easily persuade them that the private interest of a part, and of a subordinate part of the society, is the general interest of the whole" u. passim. Ibd. Ch. XI S. 116: „The interest of the dealers, however, in any particular branch of trade or manufactures, is always in some respects different from, and even opposite to that of the public. B. III Ch. II S. 171 Sp. 1 ff. B. IV Ch. II passim, z. B. S. 206 Sp. 1: „When our neighbours prohibit some manufacture of ours, we generally prohibit, not only the same, for that alone would seldom affect them considerably, but some other manfacture of theirs. This may no doubt give encouragement to some particular class of workmen among ourselves, and by excluding some of their rivals, may enable them to raise their price in the home market. Those workmen, however, who suffered by our neighbours' prohibition will not be benifited by ours. On the contrary, they and almost all the other classes of our citizens will thereby be obliged to pay dearer than before for certain goods. Every such law therefore, imposes a real tax upon the whole country, not in favour of that particular class of workmen who were injured by our neighbours' prohibition, but of some other class". — Ibd. S. 207 Sp. 2 ff., Ibd. Ch. III S. 219 Sp. 1, Ch. V S. 228 Sp. 1/2; S. 240 Sp. 1/2. „The interest of the inland dealer, however, it has already been shown, can never be opposite to that of the great body of the people. That of the merchant exporter may, and in fact sometimes is" . . . . . Ibd. S. 242 Sp. 2, Ch. VII S. 258 Sp. 2, S. 262 Sp. 1, S. 276 Sp. 1 u. 2: „It is thus that the single advantage which the monopoly procures to a single order of men s in many different ways hurtful to the general interest of the country." Ibd. S. 278 Sp. 1, S. 283 Sp. 1, S. 288 Sp. 1, S. 289 Sp. 1: „From the nature of their situation too the servants must be more disposed to support with rigorous severity their own interest against that of the country which they govern, than their masters can be to support theirs." Ibd. Ch. VIII S. 290 Sp. 2, S. 292 Sp. 1, S. 298 Sp. 1 u. 2, S. 299 Sp. 1. — S. einige solche Stellen bei Roscher, Geschichte d. Nationalök. 1874 S. 653, u. Knies, Die pol. Oek. vom gesch. Standp. S. 224/225.

einer umfassenden Erkenntnis des allgemeinen Besten" erlassen.¹) Im ganzen Erwerbsleben kreuzen einander, nach Smith's Darstellung, die Interessen der socialen Klassen, der Stadt und des Landes, der Gewerbsleute, Kaufleute und der Grundbesitzer, der Unternehmer und der Arbeiter.²)

Dass die Interessen der einzelnen der allgemeinen Wohlfahrt entgegenstehen können, ist für Say gerade so selbstverständlich, als dass in solchen Fällen das Einzelinteresse der allgemeinen Wohlfahrt geopfert werden müsse. Es könne die Verfolgung der Einzelinteressen die öffentliche Sicherheit, den Ruf des ganzen Landes,³) die allgemeine Gesundheit oder Ruhe bedrohen.⁴) Doch wir werden auf diese Punkte noch zurückkommen. Say würde sich wundern, könnte ihm zu Ohren kommen, dass er von der lutte des interêts abstrahiert habe.⁵)

Nach Ricardo's Auffassung laufen die Interessen der verschiedenen Volksklassen nicht parallel, sondern bilden Winkel mit einander, deren Verschiebung für die Gestaltung der Einkommensverhältnisse der einzelnen Klassen massgebend sei.⁶) Im einzelnen kennzeichnet er z. B. die Interessengegensätze zwischen Kolonie und Mutterland,⁷) zwischen den im Parlamente vertretenen und daselbst nicht vertretenen Interessengruppen,⁸) zwischen Unternehmern und Arbeitern inbezug auf die Einführung neuer Maschinen,⁹) zwischen Industrie und Landwirthschaft rücksichtlich der Gestaltung des Aussenhandels¹⁰) u. s. f.¹¹)

Auf jeder Seite von Malthus' Werken treten uns die Interessengegensätze zwischen den Einzelnen, zwischen dem männlichen und

---

¹) B. IV S. 208 Sp. 1: „The legislature, were it possible that its deliberations could be always directed, not by the clamorous importunity of partial interests, but by an extensive view of the general good, ought upon this very account..."
²) B. I Ch. VIII bis XI passim.
³) Traité. Paris 1826. S. 396, Cours I S. 472, 476.
⁴) Cours I S. 557.
⁵) S. z. B. Ibd. S. 553.
⁶) Ch. II, V, VI passim.
⁷) Ch. XXV S. 204 ff.
⁸) Works, S. 553.
⁹) Ch. XXI passim. Die Maschinen, sagt Ricardo, seien den Interessen der Grundbesitzer und Kapitalisten förderlich, „but I am convinced that the substitution of machinery for human labour is often very injurious to the interests of the class of labourers".
¹⁰) Ch. XXII S. 188.
¹¹) S. 162, 164, 221, 258, 393, 467, 471.

weiblichen Geschlechte, zwischen den Klassen, zwischen den Völkern, in ihrer Leid und Unterdrückung erzeugenden Macht entgegen.[1]

Und auf welche Stellen stützt sich der Vorwurf, dass die Klassiker das Gemeinwohl als Resultat der selbstsüchtigen Sonderbestrebungen ansehen? Da gibt es einige dem Anfange des Ch. II B. IV des „Nationalreichthums" entnommene Hauptcitate, welche von Hildebrand und dann von einer ganzen Reihe historischer Volkswirthe ins Feld geführt werden. Die Stellen lauten: „Jeder Mensch ist stets darauf bedacht, die erspriesslichste Anwendung alles Kapitals, worüber er zu gebieten hat, ausfindig zu machen. Er hat nur seinen eigenen Vortheil und nicht den der Gesellschaft im Auge; aber natürlicher oder vielmehr nothwendiger Weise führt ihn die Bedachtnahme auf den eigenen Vortheil gerade dahin, dass er diejenige Kapitalbenützung vorzieht, welche zugleich für die Gesellschaft die erspriesslichste ist." „Verfolgt jeder einzelne sein eigenes Interesse, so befördert er das der Gesellschaft weit wirksamer, als wenn er dieses zu befördern wirklich die Absicht hätte."[2] „Jeder strebt nur nach dem grössten eigenen Gewinne, wird dabei aber von einer unsichtbaren Hand zur Beförderung eines Endzweckes geleitet, den er sich nicht vorgesetzt hat."[3]

Soweit diese Sätze den Gedanken zum Ausdruck bringen, dass das Streben der Einzelnen nach den zur Befriedigung ihres Eigenbedarfes nothwendigen Gütern in der Regel im Interesse der ganzen Gesellschaft gelegen sei, behaupten sie nichts anderes, als Roscher, Knies, Kautz[4] und andere sagen und jeder Denkende richtig finden muss. Das Bedenkliche in den Aussprüchen des Smith liegt nur darin, dass die Harmonie der Privat- und öffentlichen Interessen in jenen Sätzen als ausnahmslos auftritt. Allerdings stehen ihnen so viele klare Stellen aus Smith's Werken gegenüber — deren einige wir oben citierten —, dass jene wenigen eine allgemeine Interessen-Harmonie anerkennenden Citate dadurch vollständig entkräftet würden, selbst wenn sie richtig wären.

Doch es bedarf dieser Entkräftung gar nicht, denn jene Stellen

---

[1] An Essay I S. 7 ff., 14 ff., 17 ff., 22, 29 ff., 33, 36, 39, 48 u. s. w. u. s. w.

[2] B. IV Ch. II. — s. bei Hildebrand „Nationalök. d. Gegw, u. Zuk." S. 32. — Roscher System I S. 17. — Kautz u. anderen.

[3] B. IV Ch. II. — Held. Zwei Bücher zur socialen Gesch. Engl. S. 160 u. andere.

[4] Roscher, System I S. 15 u. 17. — Knies S. 237. — Kautz, Theorie u. Gesch. S. 180.

4. Abstraction allen Interessengegensätzen.

kommen zwar in den Werken der betreffenden Historiker, nicht aber in denen des Smith vor. Man citiert eben ohne Rücksicht auf den Zusammenhang und noch dazu falsch. Die erste jener Stellen: „Jeder Mensch ist stets darauf bedacht . . .," ist von dem Hauptsatze losgerissen, welcher, gerade den Gegensatz zwischen den öffentlichen und den Individualinteressen betonend, sagt, das Monopol des heimischen Marktes gereiche zwar oft dem begünstigten Gewerbszweige zum Vortheile, ob es aber der allgemeinen Gewerb- und Betriebsamkeit förderlich, sei nicht evident.[1]) Ausserdem wiederholt Smith denselben Gedanken gleich darauf mit den Worten: „Allerdings ist es in der Regel (generally) weder sein Streben, das allgemeine Wohl zu fördern, noch weiss er auch, wie sehr er dasselbe befördert."[2])

In dem zweiten Citate: „Verfolgt jeder einzelne sein eigenes Interesse, so befördert er das der Gesellschaft weit wirksamer, als wenn er dies zu befördern wirklich die Absicht hätte," hat Hildebrand (wie auch Stirner in seiner Uebersetzung) das Wort „frequently" weggelassen, welches hier entscheidend ist. „he frequently promotes that of the society . . .," sagt Smith.[3])

Held's Citat: „Jeder strebe nur nach dem grössten eigenen Gewinne, werde dabei aber von einer unsichtbaren Hand zur Beförderung eines Endzweckes geleitet, den er sich nicht vorgesetzt

---

[1]) B. IV Ch. II S. 198 Sp. 1'2: „The prohibition of importing either live cattle or salt provisions from foreign countries secures to the graziers of Great Britain the monopoly of the home market for butcher's meat. The high duties upon the importation of corn, which, in times of a moderate plenty, amount to a prohibition, give a like advantage to the growers of that commodity . . . . . That this monopoly of the home market frequently gives great encouragement to that particular species of industry which enjoys it, and frequently turns towards that employment a greater share of both the labour and stock of the society, than would otherwise have gone to it, cannot be doubted. But whether it tends either to increase the general industry of the society, or to give it the most advantageous direction, is not perhaps altogether so evident . . . . . Every individual is continually exerting himself to find out the most advantageous employment for whatever capital he can command. It is his own advantage, indeed, and not that of the society, which he has in view. But the study of his own advantage naturally, or rather necessarily, leads him to prefer that employment which is most advantageous to the society." — S. Knies S. 225/6.

[2]) Ibd. S. 199 Sp. 2. „He generally indeed, neither intends to promote the public interest, nor knows how much he is promoting it."

[3]) Ibd. „By pursuing his own interest he frequently promotes that of the society more effectually than when he really intends to promote it."

habe," ist aus dem Zusammenhange mit dem oben erwähnten Hauptsatze, dem Grundgedanken des Kapitels losgerissen, losgerissen auch aus der Gesellschaft des ihm unmittelbar vorausgehenden „generally" und des unmittelbar nachfolgenden „frequently". [1]) Der ausgelassene Hauptsatz besagt, dass das durch Privilegien unterstützte Einzelinteresse dem öffentlichen Wohle schaden könne,[2]) der von Held citierte Satz fügt hinzu, dass das nicht privilegierte Einzelinteresse in dem Streben nach der individuellen Wohlfahrt dem allgemeinen Wohle förderlich sei (was wohl niemand leugnen kann, und Roscher, Knies, Kautz nicht weniger entschieden als Smith betonen), und zwar gewöhnlich,[3]) was Held gleichfalls nicht anführt.

Alle diese Citate im Zusammenhange, sowie das ganze Kapitel, dem sie entnommen sind, bilden einen Beweis dafür, dass A. Smith den Gegensatz zwischen Privat- und öffentlichen Interessen kennt und anerkennt.

---

5. Wirthschaftspolitik.

a. Relativität wirthschaftspolitischer Maassnahmen.

Den Hauptangriff erfährt die klassische Nationalökonomie seitens der historischen Schule wegen ihres Verhältnisses zur Praxis, wegen ihrer Wirthschaftspolitik. Die Vertreter der klassischen Nationalökonomie haben, so behaupten die historischen Volkswirthe, kein Verständnis für die Praxis. Sie geben absolute von der historischen Entwicklung abstrahierende Lösungen wirthschaftspolitischer Fragen, welche unter allen Umständen gelten sollen. Sie wollen ohne Rücksicht auf die besonderen Verhältnisse, die Nothwendigkeit

---

[1]) Ibd. S. 199 Sp. 2. „He generally indeed, neither intends to promote the public interest, nor knows how much he is promoting it. By preferring the support of domestic to that of foreign industry . . . . he intends only his own gain, and he is in this, as in many other cases, led by an invisible hand to promote an end which was no part of his intention. Nor is it always the worse for the society that it was no part of it. By pursuing his own interest he frequently . . . ."
[2]) s. oben S. 43.
[3]) s. oben S. 43.

nur allmähliger Reformen verkennend, ihre Principien radikal durchsetzen. Die Vertreter der klassischen Nationalökonomie, heisst es weiter, erwarten alles vom freien Spiele der individuellen Kräfte, sie weisen jedes Eingreifen in das immer vernünftige Handeln des Individuums zurück und wollen nichts von positiven wirthschaftstechnischen und socialpolitischen Massnahmen wissen, sondern predigen das rein negative staatsauflösende Laisser-faire. Die historischen Volkswirthe geben vor, die Folgen dieser nach ihrer Ansicht verfehlten und verderblichen Charakterzüge der klassischen Nationalökonomie dadurch zu beseitigen, dass sie die besonderen Umstände den Principien gegenüber in weitgehender Weise berücksichtigen — Relativität wirthschaftspolitischer Massnahmen —, die Nothwendigkeit einer langsamen allmählichen Entwicklung betonen — Evolution —, und endlich dadurch, dass sie die Stärkung der bestehenden Staatsgewalten und positives Eingreifen derselben verlangen. In der Wirthschaftspolitik glauben die historischen Volkswirthe weit über die Klassiker hinausgekommen zu sein und wichtige neue Richtlinien für die weitere Entwicklung der Wissenschaft und Praxis gewonnen zu haben.

Wir aber fragen: Kennen die Klassiker in der That 'die Relativität wirthschaftspolitischer Massnahmen nicht? Wollen sie ihre Principien ohne Berücksichtigung der besonderen Umstände sofort auf das reale Wirthschaftsleben übertragen?

Smith sagt, das Bestehen von Gesetzen sei nur so lange gerechtfertigt, als die Umstände, durch welche sie hervorgerufen wurden, vorhanden seien.[1]) Nachdem er die Mängel des englischen Korngesetzes dargelegt hat, sagt Smith: „Trotz aller seiner Mängel kann man aber doch vielleicht von ihm sagen, was man von den Gesetzen des Solon gesagt hat, dass, wenn es auch nicht an und für sich das beste ist, es doch das beste ist, welches die Interessen, Vorurtheile und die Sinnesart der Zeit zu machen erlauben."[2]) Ein Gegner der Fideikommisse, erkennt er die geschichtliche Be-

---

[1]) B. III Ch. II S. 170 Sp. 2. „Laws frequently continue in force long after the circumstances which first gave occasion to them, and which could alone render them reasonable, are no more".

[2]) B. IV Ch. V S. 242 Sp. 2. „So far, therefore, this law seems to be inferior to the ancient system. With all its imperfections, however, we may perhaps say of it what was said of the laws of Solon, that, though not the best in itself, it is the best which the interests, prejudices, and temper of the times would admit of. It may, perhaps, in due time prepare the way for a better.

deutung und relative Wichtigkeit derselben und der Primogeniturgesetze doch an: „Als grosse Landgüter eine Art von Fürstenthümern waren, mochten die Fideikommisse nichts Unvernünftiges sein. Gleich dem, was man die Grundgesetze der Monarchien nennt, konnten sie oft die Sicherheit von Tausenden gegen den Eigensinn oder die Ausschweifung eines einzelnen Menschen gewährleisten" u. s. f.[1])

Smith legt die Entwicklung der Aufgaben des Staates im Fortschritte der Civilisation,[2]) die relative Bedeutung der Arten der Staatseinnahmen je nach dem politischen und socialen Zustande eines Landes dar.[3]) So sagt Smith z. B.: „Die Einkünfte eines tartarischen oder arabischen Häuptlings bestehen in Unternehmereinkommen (profit) ... Es kommt auch vor, dass der Haupttheil der öffentlichen Einkünfte eines noch wenig civilisierten monarchischen Staates im Unternehmereinkommen besteht."[4]) „Kleine Republiken haben zuweilen ansehnliche Einkünfte aus dem Gewinne kaufmännischer Unternehmungen gezogen."[5]) Die ordentliche, wachsame und sparsame Verwaltung solcher Aristokratien, wie der von Venedig und Amsterdam, eignet sich, wie die Erfahrung lehrt, ganz vorzüglich zur Ausführung einer solchen kaufmännischen Unternehmung."[6]) „Der Gewinn einer öffentlichen Bank ist auch für grössere Staaten eine Einkommensquelle gewesen."[7]) „Län-

---

[1]) B. III Ch. II S. 170 Sp. 2, S. 171 Sp. 1. „The security of a landed estate therefore, the protection which its owner could afford to those who dwelt on it, depended upon its greatness. To divide it was to ruin it..." „When great landed estates were a sort of principalities, entails might not be unreasonable. Like what are called the fundamental laws of some monarchies, they might frequently hinder the security of thousands from being endangered by the caprice or extravagance of one man".

[2]) B. V Ch. I S. 319 Sp. 1 u. 2, S. 325 Sp. 1.

[3]) B. V Ch. II passim.

[4]) B. V Ch. II S. 367 Sp. 2. „The revenue of a Tartar or Arabian chief consists in profit. It arises principally from the milk and increase of his own herds and flocks, of which he himself superintends the management, and is the principal shepherd or herdsman of his own horde or tribe"...

[5]) Ibd. „Small republics have sometimes derived a considerable revenue from the profit of mercantile projects".

[6]) B. V Ch. II S. 368 Sp. 1. „The orderly, vigilant, and parsimonious administration of such aristocracies as those of Venice and Amsterdam, is extremely proper, it appears from experience, for the management of a mercantile project of this kind."

[7]) Ibd. S. 367 Sp. 2. „The profit of a public bank has been a source of revenue to more considerable states.

dereien sind Fonds von dauerhafterer und unveränderlicherer Natur, und daher ist die Rente von Staatsländereien bei mancher grossen Nation, die sich weit über den Hirtenstand erhoben hatte, die Hauptquelle der öffentlichen Einkünfte gewesen." [1)

Say sagt: „Die Wissenschaft selbst gibt uns wichtige Fingerzeige zur Bestimmung derjenigen Fälle, in welchen die Principien anwendbar sind, und derjenigen, in welchen sie nicht angewendet werden dürfen." [2]) Die Zünfte, die „corporations des art et des métiers", sind im Mittelalter von Nutzen gewesen. [3]) „Ohne Rücksicht auf das Klima, den Boden, die Gewohnheiten und Gesetze kann man ein Land nicht regieren." [4])

Die Rathschläge der politischen Oekonomie sind, meint Say, nicht „indications pressantes", sondern nur „Cautelen gegen neue falsche Massregeln". „Kennt man einmal die wahren Interessen, so kommt man endlich immer dazu, sie mit der Zeit durchzusetzen. Es bieten sich Lagen dar, in welchen man ohne viel Unbill die schlechte Gesetzgebung beseitigen kann." [5]) Aber dies muss möglichst allmählig geschehen. Denn „der Wechsel hat so schlechte Folgen, dass man selbst nicht von einem schlechten zu einem guten Systeme ohne schwere Unzukömmlichkeiten übergehen kann. Ohne Zweifel verursacht das exclusive Prohibitivsystem der wirthschaftlichen Entwicklung grossen Schaden; indess könnte man doch die aus demselben entsprungenen Institutionen nicht plötzlich unterdrücken, ohne grosse Uebel hervorzurufen. Man müsste es mit graduellen Massregeln versuchen, die mit unendlicher Kunst den Uebergang zu einer vortheilhafteren Ordnung anbahnen würden." [6])

---

[1]) Ibd. S. 369 Sp. 1.

[2]) Ibd. Cours I S. 38. „La science elle même fournit d'importantes directions pour déterminer les cas où les principes sont applicables, et ceux, où il ne convient pas de les appliquer."

[3]) Traité, I S. 285. „Lorsque l'industrie commençait à naître au moyen âge, et que les négocians se trouvaient exposés aux avanies d'une noblesse avide et peu éclairée, les corps d'arts et métiers furent très-utiles pour procurer à l'industrie l'appui qui résulte d'une association."

[4]) Cours I S. 26 Anm.

[5]) Cours I S. 599/600. „Ne considérez donc pas, messieurs, les conseils qui naissent d'une économie politique mieux connue comme, des indications pressantes et qu'on ne saurait suivre trop entièrement et trop tôt .... une fois que l'on connaît ses vrais intérêts, on y arrive toujours avec le temps; il se présente des circonstances où l'on peut, sans beaucoup d'inconvénients, changer quelque chose à une législation qu'on sait être fâcheuse".

[6]) Traité I S. CI Prél. „La versatilité a des effets si funestes, qu'on ne peut

Ricardo sagt, sich der Meinung Lord Grenville's anschliessend, alle wenn auch falschen politischen Massnahmen, welche in das Leben der Zeit eingedrungen seien, sollten nur mit Vorsicht geändert werden.[1]) Ricardo wendet 'sich z. B. gegen die englischen Armengesetze, weil diese, nach seiner Meinung, nur eine Verschlechterung der Lage der Armen herbeiführen, fügt aber hinzu: diese Gesetze „waren solange in Kraft, und die Gewohnheiten der Armen haben sich so ihrer Wirkung angepasst, dass es, um sie ohne Gefahr aus unserem politischen Systeme zu entfernen, ungemeiner Vorsicht und Geschicklichkeit bedarf; ihre Abschaffung sollte nur ganz schrittweise durchgeführt werden". [2])

Im gleichen Sinne betrachtet er die durch einen Krieg geschaffene wirthschaftliche Lage,[3]) die Abschaffung von Kornzöllen u. s. f.[4]) Seine kleineren Schriften: High price of bullion, Reply to Mr. Bosanquet, Proposals for an economical currency, Influence of a low price of corn on the profits of stock, bieten uns ausgezeichnete Beispiele dafür, wie Ricardo allgemeine Wahrheiten für einen besonderen Fall zu verwenden und diesem anzupassen versteht.

Malthus war schon als Universitätshörer dafür bekannt, dass er „nur davon sprach, was thatsächlich in der Natur existiert oder zu reellem praktischen Gebrauche verwendbar erscheint."[5]) Sein Biograph sagt von ihm: „In politics he was a firm, consistent and

passer même d'un mauvais système à un bon sans de graves inconvéniens. Sans doute le régime prohibitif et exclusif nuit prodigieusement aux développemens de l'industrie et aux progrès de la richesse des nations; cependant on ne pourrait, sans causer des grands maux, supprimer brusquement les institutions qu'il a fondées. Il faudrait des mesures graduelles, ménagées avec un art infini, pour parvenir sans inconvéniens à un ordre des choses plus favorable."

[1]) Works, S. 484.
[2]) Ch. V S. 58. „they (die Armengesetze) have been so long established, and the habits of the poor have been so formed upon their operation, that to eradicate them with safety from our political system, requires the most cautious and skilful management. It is agreed by all who are most friendly to a repeal of these laws, that if it be desirable to prevent the most overwhelming distress to those for whose benefit they were erroneously enacted, their abolition should be effected by the most gradual steps."
[3]) Ch. XIX S. 160 ff.
[4]) Works, S. 493. „To establish measures which should at once drive capital from the land would, under the present circumstances of the country, be rash and hazardous, therefore I should propose that the duty of 20 s. should every year be reduced 1s., until it reached 10 s."
[5]) Memoir of R. Malthus, Principles. S. XXVII.

decided Whig, the earnest advocate of salutory improvement and reform, but strongly and sincerely attached to the institutions of his country, and fearful of all wanton experiment and innovations."[1])

Malthus sagt: „Ich protestiere ganz entschieden gegen die Doktrin, dass wir den allgemeinen Principien folgen können, ohne zu prüfen, ob sie in dem uns vorliegenden Falle anwendbar seien."[2]) „In genauer Anwendung allgemeiner Principien gerade vorwärts zu gehen, ohne Rücksicht auf die durch die bestehenden Gesetze eines Landes geschaffenen Schwierigkeiten und die thatsächliche Lage und Umstände des Landes, könnte dieses in solch tiefes Unglück stürzen u. s. f."[3]) Princip des Malthus ist, dass jeder shock, jede plötzliche Erschütterung vermieden werden müsse. „Even if it be intended, finally, to throw open our ports, it might be wise to pass some temporary regulations in order to prevent the very great shock."[4]) Nachdem er die Fehler der bestehenden Armengesetzgebung dargelegt hat, schlägt Malthus vor: „the gradual and very gradual abolition of the poor laws."[5]) Man müsse „mit der grössten Vorsicht vorgehen und alle möglichen Mittel anwenden, um eine plötzliche Erschütterung der Meinungen der Armen zu verhüten."[6])

Es ist selbstverständlich, dass ich hier nur jene Seiten der klassischen Wirthschafts-Politik betrachte, auf welche sich die Kritik der historischen Volkswirthe bezieht, und dass die vorausgehenden und nachfolgenden Ausführungen daher durchaus nicht geeignet sind, ein Gesammtbild der klassischen Wirthschafts-Politik zu geben. So musste ich in diesem Abschnitte allen Nachdruck darauf legen, zu zeigen, dass die Klassiker in ihrer Politik die besonderen Ver-

---

[1]) Ebda. LI.
[2]) The grounds of an op., London 1815, S. 16. „I protest most entirely against the doctrine, that we are to pursue our general principles without ever looking to see if they are applicable to the case before us."
[3]) Principl. S. 15. „to proceed straight forward in the rigid application of general principles without any reference to the difficulties created by the existing laws of the country, and its actual situation and circumstances, might plunge it into such complicated distress, as not only to excite the public indignation against the authors of such measures but to bring permanent discredit upon the principles which had prompted them" und The grounds of an op. S. 17.
[4]) The grounds of an op. S. 42.
[5]) An Essay B. II S. 109.
[6]) Ibd. B. II S 456. „I should therefore most fully concur in the propriety of proceeding with the greatest caution, and of using all possible means of preventing any sudden shock to the opinions of the poor."

hältnisse in entsprechender Weise berücksichtigt haben und Gegner überstürzter Massregeln waren, ohne weiter darauf einzugehen, dass sie bei aller gebotenen Beachtung der specifischen Umstände die allgemeinen Principien in siegreicher Weise vertraten, und dass gerade hierin der wesentliche Charakter und die grosse Bedeutung ihrer Politik lag.

b. **Das Eingreifen der Regierung in die persönliche Freiheit im öffentlichen Interesse.**

Verkennen die Klassiker die Nothwendigkeit, die Freiheit der Einzelnen im Gesammtinteresse zu beschränken?

Smith sagt: „Ausübungen der natürlichen Freiheit weniger Individuen, welche die Sicherheit der ganzen Gesellschaft gefährden, werden durch die Gesetze aller Staaten eingeschränkt und müssen eingeschränkt werden. Das gilt ebensosehr von den freiesten als von den despotischsten Staaten."[1] Als solche Beschränkungen führt er z. B. an: Die Baupolizei und die Beaufsichtigung des Bankwesens.[2] Die Regierung muss uns gegen Betrug schützen. Die Lehrzeit aber bietet keinen Schutz. „Ganz andere Massregeln sind nöthig, um diesem Missbrauch abzuhelfen. Die Silberprobe auf Geschirr und die Stempel auf Leinen- und Wollenzeug geben dem Käufer weit grösseren Schutz."[3] „Wo es eine geschlossene Zunft gibt, da mag es vielleicht gut sein, den Preis der ersten Lebensbedürfnisse (gesetzlich) festzusetzen."[4] Die Beschränkung des Zusammenkaufes von Land hat sich in den englischen Kolonien als sehr vortheilhaft erwiesen.[5]

---

[1] B. II Ch. II S. 143 Sp. 1. „those exertions of the natural liberty of a few individuals, which might endanger the security of the whole society, are, and ought to be, restrained by the laws of all governments, of the most free, as well as of the most despotical."

[2] Ibd.

[3] B. I Ch. X S. 56 Sp. 1.

[4] B. I Ch. X S. 65 Sp. 2. „Where there is an exclusive corporation, it may, perhaps, be proper to regulate the price of the first necessary of life."

[5] B. IV Ch. VII S. 256 Sp. 2. „In the plenty of good land the English colonies of North-America, though no doubt very abundantly provided, are, however, inferior to those of the Spaniards and Portuguese, and not superior to some of those possessed by the French before the late war. But the political institutions of the English colonies have been more favourable to the improvement and cultivation of this land than those of any of the other three nations.

First, the engrossing of uncultivated land, though it has by no means been

5. Wirthschaftspolitik.

Die Stellung der Klassiker zu den durch die Zollpolitik und durch Arbeiterschutzgesetze gebotenen Eingriffen in die persönliche Freiheit werden wir einer gesonderten Betrachtung unterziehen.[1]

Say sagt zu seinen Hörern: „Werden Sie daraus, dass ich Ihnen die schlechten Folgen der die Gewerbsthätigkeit beschränkenden Gesetze dargelegt habe, schliessen, dass man dieselben insgesammt beseitigen müsse? Sie würden irren — die öffentliche Autorität hat die Pflicht, die Gesellschaft vor schädlichen Aktionen zu bewahren."[2] Die Aufgabe der Regierung ist es, „einem Betruge zuvorzukommen, eine Praxis zu verhindern, welche anderen Produktionen oder der öffentlichen Sicherheit schadet."[3] Darum Reglementierung gefahrdrohender Berufe und Gewerbe,[4] Prüfung der Mediciner, Apotheker u. s. f.,[5] Punze[6] und Markenschutz: „Es darf nicht sein, dass ein Fabrikant auf der Etiquette eine bessere Qualität als die von ihm erzeugte angeben könne; seine Zuverlässigkeit ist wichtig für den einheimischen Konsumenten, dem die Regierung Schutz schuldet; sie ist wichtig für den auswärtigen Handel der Nation, denn das Ausland hört bald auf sich an eine Nation zu wenden, von welcher es betrogen wird."[7] Say fordert auch Beschränkung der individuellen Handlungsfreiheit inbezug auf das Bankwesen: „Ces maux, qui deviennent des malheurs publics, nous font voir que, de quelque façon que l'on décide la question de droit, la nécessité oblige qu'on mette quelque restriction à la faculté qu'ont les particuliers ou les entreprises particulières d'émettre des billets au porteur."[8]

Im Interesse der öffentlichen Sicherheit, sagt Say, muss man die

---

prevented altogether, has been more restrained in the English colonies than in any other."

[1] s. u. S. 59 ff.
[2] Cours 1852 I S. 556.
[3] Traité I S. 296.
[4] Ibd. S. 295.
[5] Ibd. u. Cours I S. 556.
[6] Ibd.
[7] Traité I S. 296. „Il ne faut pas qu'un fabricant puisse annoncer sur son etiquette une qualité supérieure à celle qu'il a fabriquée; sa fidélité intéresse le consommateur indigène à qui le gouvernement doit sa protection; elle intéresse le commerce que la nation fait au dehors, car l'étranger cesse bientôt de s'adresser à une nation qui le trompe."
[8] Cours I S. 476.

Höhe der Häuser beschränken, die gefährlichen und schlechten Konstruktionen verbieten u. s. f. [1]) „In ebenen Ländern, in welchen man grosse Gebiete für jede Art des Landbaues verwenden kann, ist es nützlich zu wissen, ob die Erde besser von grossen oder von kleinen Unternehmern bebaut wird, denn die Gesetzgebung und Verwaltung können mehr oder weniger die Agglomeration oder aber die Zertheilung der Landgüter, und infolge davon die Vermehrung oder Verminderung grosser Güter begünstigen." [2]) Say verlangt ferner Gesetze gegen Feldschäden u. s. f. „Quand l'administration veille à l'entretien des communications, lorsqu'elle protége les récoltes, lorsqu'elle punit les négligences coupables, comme le défaut d'échenillage des arbres, elle produit un bien —" [3]) und eine Forst-, Wasser- und Bergwerksgesetzgebung: „Die Furcht vor der Austrocknung der Wasserläufe, oder die Nothwendigkeit, der Gesellschaft Holz zum Schiffbau und zur Tischlerei zu verschaffen, dessen sie nicht entbehren kann, nöthigt zu Vorschriften über das Aushauen der Forste". „Die Furcht, die Mineralien zu erschöpfen, welche der Boden einschliesst, bringt manchmal für die Regierung die Pflicht mit sich, sich in die Ausbeutung der Minen einzumischen." [4]) Das Gesetz muss endlich die Handlungsfreiheit auch

---

[1]) Ibd.
[2]) Say, Cours I S. 240. „Mais dans les pays de plaines, dans ceux où l'on peut consacrer de vastes terrains à chaque espèce de culture, il peut être utile de savoir si la terre est plus avantageusement sollicitée par de grands ou bien par de petits entrepreneurs; car la législation et l'administration peuvent être plus ou moins favorables à l'agglomération ou à la division des propriétés, et par suite à la multiplication ou à la réduction des grandes entreprises de culture."
[3]) Traité, I S. 282.
[4]) Traité I. S. 171 „C'est encore ainsi que la crainte de provoquer le dessèchement des cours d'eau, ou la nécessité de procurer à la société des bois de marine ou de charpente dont on ne saurait se passer, fait tolérer des réglemens relatifs à la coupe des forêts particulières, et que la crainte de perdre des minéraux qu'enferme le sol, impose quelquefois au gouvernement l'obligation de se mêler de l'exploitation des mines". Wenn Say die Fälle, in welchen die Regierung den einzelnen in der Ausübung seines Eigenthums zu beschränken habe, „excessivement rares" und Ricardo sie „very few" nennt, so trifft dies im Verhältnisse zu der tausendfältigen Vielregiererei und Reglementierung jener Zeit vollständig zu. Doch es wäre müssig, über die aus solchen allgemeinen Ausdrücken abzuleitenden Folgerungen zu streiten. Haben wir dieselben doch in den Werken der klassischen Nationalökonomie vor uns, und lernen sie kennen, indem wir die Stellung der Klassiker zu den einzelnen Fragen betrachten.

5. Wirthschaftspolitik. 53

darum beschränken, weil es über die Reinheit der Luft, für die Ruhe, ja selbst für die Bequemlichkeit der Bürger zu wachen hat.[1])
    Ricardo citiert Say, welcher die Einmischung des Staates verlange: first to prevent fraud, and secondly to certify a fact.[2]) Prüfungen der Mediciner, Puuze, Beaufsichtigung der Chemiker und Apotheker sind erforderlich. „In allen diesen Fällen," sagt Ricardo, „kann man nicht voraussetzen, dass die Käufer in der Lage seien, sich die nothwendigen Kenntnisse zu verschaffen, um sich gegen Betrug zu schützen, und die Regierung greift ein, um für sie zu thun, was sie für sich selbst zu thun nicht imstande sind."[3]) Wichtig sei das Eingreifen der Regierung bezüglich des Papiergeldes, weil die einzelnen keinen Einblick in den Mechanismus und die Solidität einer Bank besitzen.[4]) Die Regierung solle ein Heilmittel gegen die allzugrossen Gewinne der Kapitalisten infolge fallender Getreidepreise suchen,[5]) sie solle bemüht sein, die Zunahme der Armenzahl zu bekämpfen und zu frühe und unvorsichtige Heiraten unter denselben weniger häufig zu machen."[6])
    Malthus sagt: „Das uneingeschränkte Handeln nach dem individuellen Wollen ist eine überwältigend grosse Doctrin. — — Jeder muss sich nach dem Momente der Erfüllung sehnen. Aber leider! dieser Moment kann niemals eintreten. Das Ganze ist wenig mehr als ein Traum, ein Gebilde der Phantasie."[7]) Er vertritt alle die

---

[1]) Cours I S. 557. „La loi doit aussi veiller à ce que l'industrie ne nuise pas à la salubrité de l'air, au repos, à la commodité même des citoyens."
[2]) Works S. 408.
[3]) Ibd. „In all these cases, the purchasers are not supposed to have, or to be able to acquire, sufficient knowledge to guard them against deception; and Government interferes to do that for them which they could not do for themselves".
[4]) Ibd. S. 409. „In the use of money, every one is a trader; those whose habits and pursuits are little suited to explore the mechanism of trade are obliged to make use of money, and are no way qualified to ascertain the solidity of the different banks whose paper is in circulation." Ch. XXVII S. 215.
[5]) Ch. XXII S. 258. „That the stockholder is benefited by a great fall in the value of corn, cannot be doubted; but if no one else be injured, that is no reason why corn should be made dear; . . . If they are unjustly benefited, let the degree in which they are so be accurately ascertained, and then it is for the Legislature to devise a remedy."
[6]) Ch. V S. 58.
[7]) An Essay S. 18 ff. „The unlimited exercise of private judgment is a doctrine grand and captivating, and has a vaste superiority over those systems, where every individual is in a manner the slave of the public . . . . In short, it is im-

von Smith, Say, Ricardo geforderten Beschränkungen der persönlichen Freiheit. Ueber die Ver- und Zertheilung des Grundbesitzes sagt Malthus: „Die Zertheilung des Besitzes, so wohlthätig, wenn sie nur bis zu einem gewissen Punkte getrieben wird, schadet der Produktion sehr, wenn man sie bis zum Extrem fortsetzt. Die Theilung eines Gutes, das jährlich 5000 trägt, wird in der Regel die Tendenz haben, die Nachfrage zu steigern, die Produktion zu fördern und die Struktur der Gesellschaft zu verbessern (improve the structure of society); aber die Theilung eines Gutes von jährlich 80 Pf. wird in der Regel von gerade entgegengesetzten Folgen begleitet sein."[1]) Dasselbe behauptet Malthus rücksichtlich der „Diffusion des Gewerbs- und Handelskapitales."[2]) Unter den besonderen Umständen Englands, fährt er fort, könne man nicht sagen, dass die Abschaffung des Primogeniturgesetzes wirthschaftlich vortheilhaft wäre. Aber selbst wenn sie vortheilhaft wäre, „könnte dies die Politik in einem solchen Falle keineswegs bestimmen. In allen Fällen dieser Art müssten Erwägungen höherer Natur als die bloss auf den Reichthum bezüglichen beachtet werden."[3])

Auch bei diesem Punkte musste ich mich an das Urtheil der historischen Volkswirthe halten und konnte deshalb nur zeigen,

possible to contemplate the whole of this fair picture, without emotions of delight and admiration, accompanied with an ardent longing for the period of its accomplishment. But alas! that moment can never arrive. The whole is little better than a dream — a phantom of the imagination."

[1]) An Essay II S. 105. „The division and distribution of property, which is so beneficial when carried only to a certain extent, is fatal to production when pushed to extremity. The division of an estate of five thousand a year will generally tend to increase demand, stimulate production, and improve the structure of society; but the division of an estate of eighty pounds a year will generally be attended with effects directly the reverse." s. auch Principl. Introd. S. 7 u. B. II Sect. VII.

[2]) Principl. S. 376. „With an excessive proportion of small proprietors both of land and of capital, all great improvements on the land, all great enterprizes in commerce and manufactures, and most of the wonders described by Adam Smith, as resulting from the division of labour, would be at an end."

[3]) Ibd. S. 379/380. „Under these circumstances, which to the extent in which they prevail, it must be allowed, are almost peculiar to this country, it might be rash to conclude that the nation would be richer if the law of primogeniture were abolished. But even if we were able to determine the question in the affirmative it would by no means determine the policy of such a change. In all cases of this kind there are higher considerations to be attended to than those which relate to mere wealth." Es folgt die Ausführung dieser socialpolitischen Momente. S. 38c a. S. 426.

dass die klassische Nationalökonomie die Nothwendigkeit der im Gesammtinteresse erfolgenden Beschränkung der persönlichen Freiheit nicht verkannte. Der Grundzug ihrer Politik aber bestand darin, dass sie die persönliche Freiheit durch Bekämpfung der ungerechtfertigten Privilegien mächtiger Interessengruppen erweiterte

c. **Actives Eingreifen der Regierung in die Volkswirthschaft.**

Weisen die Klassiker das Eingreifen des Staates unbedingt zurück, huldigen sie dem Principe des laissez-faire? Zunächst muss ich darauf hinweisen, dass auch diejenige Politik, welche von den historischen Volkswirthen als die der klassischen Richtung angesehen wird, durchaus nicht eine Wirthschaftspolitik der staatlichen Passivität ist, sondern energisches Eingreifen des Staates verlangt. Zu einer Zeit, in welcher eine Unzahl von Monopolen, ungerechtfertigten Begünstigungen und Beschränkungen und eine ganz irrationelle Vielregiererei zu Gunsten der Privilegierten die wirthschaftliche Entwicklung hinderten, verlangten die Klassiker vor allem Beseitigung dieser Fesseln durch den Staat. Doch man sagt, sie leugnen, dass der Staat auch positive Aufgaben zu erfüllen habe und erwarten alles vom freien Spiele der Individualinteressen, weisen jedes Eingreifen in die Handlungsfreiheit der Individuen als Anmassung zurück. Wie es um den dieser Behauptung zu Grunde liegenden Vorwurf der Interessenharmonie steht, habe ich schon im vorausgehenden gezeigt. Gehen wir jetzt daran, die Behauptung selbst zu prüfen.

„Nach vollständiger Beseitigung der bestehenden Privilegien- und Beschränkungssysteme," sagt Smith, „stellt sich das klare und einfache System der natürlichen Freiheit von selbst her." [1]) Dass dieses „System der natürlichen Freiheit" nicht — wie die historischen Volkswirthe behaupten — „staatsauflösend" ist und dass die Beseitigung der von Smith angegriffenen Privilegien und Beschränkungen durchaus nicht die Negation der wesentlichen Aufgaben des Staates bedeutet, beweist zur Genüge schon die Fortsetzung der citierten Stelle. Unter dem Systeme der natürlichen Freiheit, sagt da nämlich Smith, habe der Herrscher drei Pflichten von grosser Wichtigkeit zu erfüllen: „Die erste ist die Pflicht, die Gesellschaft gegen die Gewaltthätigkeiten und Angriffe anderer unabhängiger Gesellschaften zu schützen; die zweite die Pflicht, jedes

---

[1]) B. IV Ch. IX S. 311 Sp. 1.

einzelne Glied der Gesellschaft gegen die Ungerechtigkeit und Unterdrückung seitens jedes anderen Gliedes derselben so viel als möglich zu schützen, d. h. die Pflicht, eine genaue Rechtspflege aufrecht zu erhalten; die dritte Pflicht endlich ist, bestimmte öffentliche Werke und Anstalten zu errichten und zu unterhalten, deren Errichtung und Unterhaltung niemals in dem Interesse eines Privatmannes oder einer kleinen Zahl von Privatleuten liegen kann, weil der aus denselben zu erzielende Gewinn einem Privatmanne oder einer kleinen Zahl von Privatleuten keine entsprechende Entschädigung gewähren würde, obgleich er eine grosse Gesellschaft oft viel mehr als schadlos hält." [1])

Obwohl der Schutz nach Aussen und nach Innen, welchen Smith als die zwei ersten Pflichten des Staates betrachtet, wie jedes Budget zeigt, thatsächlich den grössten Theil der öffentlichen Ausgaben und des Staatsorganismus überhaupt in Anspruch nimmt, setzen die historischen Volkswirthe diese wichtigen Pflichten des Staates seltsamer Weise herab und bezeichnen sie gelegentlich ironisch als „Nachtwächterdienste", deren Anerkennung seitens der Klassiker keinen Einwand gegen den Vorwurf bilde, dass diese die Bedeutung des Staates verleugnen und staatsauflösende Tendenzen verfolgen. Aber abgesehen hiervon gehen jene Kritiker allzuleicht darüber hinweg, dass Smith als dritte Pflicht des Staates eine Politik positiver staatlicher Schöpfungen überall dort verlangt, wo die nothwendigen Institutionen von der freien Bethätigung individueller Interessen und ihrer Association nicht zu erwarten sind, [2]) dass er auf den verschiedenen Umfang dieser Aufgaben in den verschiedenen Kulturperioden hinweist und sich ausführlich mit denselben beschäftigt. [3])

Die Regierung, sagt Smith, habe für Strassen, Brücken, Kanäle, Häfen, öffentliche Lagerhäuser, Konsulate, Festungen zu sorgen. [4]) Wenn es sich um ein Unternehmen von allgemeinem Nutzen handle, könne die Regierung eine Anzahl von Geschäftsleuten von den allgemeinen Gesetzen loslösen und die Bildung geschlossener Gesellschaften begünstigen. [5]) So z. B. für Bankgeschäfte, Assekuranzen,

---

[1]) B. IV Ch. IX S. 311 Sp. 1, B. V Ch. I S. 325 Sp. 1.
[2]) B. IV Ch. IX S. 311 Sp. 1.
[3]) B. V S. 325 bis S. 366.
[4]) B. V Ch. I passim.
[5]) B. V Ch. I S. 340 Sp. 2. „to exempt a particular set of dealers from some of the general laws which take place with regard to all their neighbours, ...

Wasserleitungen.¹) Vortheilhaft seien Prämien zur Belohnung besonderer Leistungen.²) Um die Entwicklung neuer Handelszweige zu befördern, könne die Regierung Monopole an geschlossene Gesellschaften verleihen.³) Die Regierung müsse die zur Vertheidigung der Nation dienenden Gewerbe pflegen.⁴)

Die Griechen, sagt Smith, suchten durch die Erziehung den Charakter der Jünglinge zur Uebung aller socialen und moralischen Pflichten sowohl im öffentlichen als im Privatleben geneigter zu machen.⁵) Förderung und Ueberwachung des Unterrichtes bilden eine wichtige Aufgabe des Staates. „Zur unerlässlichen Bedingung kann der Staat den Leuten aus der gemeinen Volksklasse die Erlernung der wichtigsten Unterrichtsgegenstände machen, wenn er jeden einer Prüfung darin unterwirft, ehe er das Zunftrecht erhalten oder sich in einem Dorfe oder einer Stadt gewerblich niederlassen darf."⁶) Prüfungen aus dem höheren Wissen sollen der Ausübung höherer Berufe und Aemter vorausgehen.⁷) Die Regierung muss den kriegerischen Geist pflegen,⁸) „aus dem Gewerbe eines Soldaten

---

it ought to appear with the clearest evidence, that the undertaking is of greater and more general utility than the greater part of common trades."
¹) Ibd. S. 341 Sp. 1.
²) B. IV Ch. V S. 232 Sp. 2.
³) B. V Ch. I S. 339 Sp. 2. „When a company of merchants undertake, at their own risk and expense, to establish a new trade with some remote and barbarous nation, it may not be unreasonable to incorporate them into a joint stock company, and to grant them, in case of their success, a monopoly of the trade for a certain number of years."
⁴) B. IV Ch. V S. 230 Sp. 1 u. S. 232 Sp. 1.
⁵) B. V Ch. I S. 347 Sp. 2.
⁶) B. V S. 352 Sp. 2. „The public can impose upon almost the whole body of the people the necessity of acquiring the most essential parts of education, by obliging every man to undergo an examination or probation in them before he can obtain the freedom in any corporation, or be allowed to set up any trade either in a village or a town corporate."
⁷) Ibd. S. 357 Sp. 2. „The first of those remedies is the study of science and philosophy, which the state might render almost universal among all people of middling or more than middling rank and fortune; .... by instituting some sort of probation, even in the higher and more difficult sciences, to be undergone by every person before he was permitted to exercise any liberal profession, or before he could be received as a candidate for any honourable office of trust or profit."
⁸) Ibd. S. 353 Sp. 1. „But a coward, a man incapable either of defending or of revenging himself, evidently wants one of the most essential parts of the character of a man .... Even though the martial spirit of the people were of no use towards the defence of the society, yet, to prevent that sort of mental mutilation, de-

kann nur die Weisheit der Regierung ein eigenes, von allen anderen abgesondertes und geschiedenes machen."[1])

Say befürwortet die Erziehung des Volkes zu einer neuen Industrie durch die Regierung: „Die Regierung thut vielleicht gut daran eine Produktion, welche, obgleich anfänglich mit Verlusten verbunden, doch nach einigen Jahren sicher gewinnbringend sein wird, durch ihre Unterstützung zu fördern."[2]) Es ist Pflicht der Regierung, „industrielle Experimente" zu machen[3]) und andererseits den Ackerbau möglichst zu fördern. „Wenn sich die Regierung mit der Landwirthschaft befasst hat, ist ihre Intervention beinahe immer eine günstige gewesen."[4]) „Preise und Prämien ... die école vétérinaire d'Alafort, die Musterwirthschaft zu Rambouillet, die Einführung der Merinos sind für die französische Agrikultur wahre Wohlthaten," sagt Say.[5]) Wie weit, meint er an anderer Stelle, sei man in Frankreich infolge von Vorurtheilen, welche die Regierung allein zu besiegen imstande sei, von der besten Verwendung der Kapitalien entfernt![6]) Jede neue Produktion habe gegen Misstrauen und Uebelwollen zu kämpfen und die Unterstützung, welche man ihr gewähre, könne eine Wohlthat für das Land werden.[7])

Dass die Klassiker die Reglementierung solcher Berufe, welche mit Gefahren für das öffentliche Wohl verbunden sind, ferner eine Feld-, Wasser-, Bergwerks-Schutzgesetzgebung u. s. f. verlangen, haben wir schon im vorausgehenden Abschnitte gesehen.

Schwere Vorwürfe werden gegen die klassische Nationalökonomie besonders deshalb erhoben, weil sie angeblich jede Einwirkung der

---

formity and wretchedness, which cowardice necessarily involves in it, from spreading themselves through the great body of the people, would still deserve the most serious attention of government."

[1]) Ibd. S. 314 Sp. 1. „But it is the wisdom of the state only which can render the trade of a soldier a particular trade, separate and distinct from all others."

[2]) Traité I S. 277 ff. „Peut-être un gouvernement fait-il bien encore d'accorder quelques encouragemens à une production, qui, bien que donnant de la perte dans les commencemens, doit pourtant donner évidemment des profits au bout de pes d'années. Smith n'est pas de cet avis."

[3]) Ibd. S. 62.

[4]) Ibd. S. 281. „Lorsque les gouvernemens se sont occupés des procédés de l'industrie agricole, leur intervention a presque toujours été favorable."

[5]) Ibd. S. 282.

[6]) Traité B. I Ch. XVII S. 278.

[7]) Ibd. S. 279.

5. Wirthschaftspolitik.

öffentlichen Gewalt auf die **Ausfuhr und Einfuhrverhältnisse** und auf die **Lage der arbeitenden Klassen** zurückweisen.

A. Smith findet Schutzzölle gerechtfertigt:[1] Erstens zur Vertheidigung des Landes.[2] Bei dieser Gelegenheit können wir sehen, wie Smith sich die Kreuzung politischer und wirthschaftlicher Motive denkt. Er sagt nämlich die Schiffahrtsakte billigend: „Die Nationalitätenverbitterung ging zu jener Zeit ganz auf dasselbe Ziel los, welches die bedächtigste Politik hätte empfehlen können — auf die Verminderung der holländischen Seemacht, der einzigen, welche die Sicherheit Englands zu gefährden imstande war." Die Akte ist wirthschaftlich nachtheilig, „indess ist Vertheidigung weit wichtiger als Reichthum, und das Schiffahrtsgesetz vielleicht die weiseste aller Handelsverordnungen Englands."[3] Aus demselben Grunde billigt Smith Fischereiprämien,[4] sowie Ausfuhrbeschränkungen und Einfuhrzölle auf Produkte wie Schiesspulver und Segeltuch.[5]

Zweitens zur Ausgleichung von inländischen Steuern.[6]

Sodann als Retorsionszölle[7] und „wenn gewisse Manufakturen durch hohe Zölle und Verbote so in Aufnahme gekommen sind, dass sie eine grosse Menge Hande beschäftigen. Dann kann die Humanität fordern, dass der freie Handel nur langsam und mit vieler Zurückhaltung und Behutsamkeit hergestellt werde. Würden die hohen Zölle und Verbote auf einmal aufgehoben, so könnten sich die wohlfeileren fremden Güter so schnell auf den inländischen Markt stürzen, dass sie viele Tausende unseres Volkes aus ihrem gewöhnlichen Geschäft und Brod bringen würden."[8] Dass Smith Prämien aus politischen und nationalen Gründen rechtfertigt, haben wir schon gehört.[9] Was andere Zölle anbetrifft, so ist Smith

---

[1] Auch hier muss ich mich darauf beschränken, den Vorwürfen der historischen Volkswirthe gegenüber darzulegen, dass die Vertreter der klassischen Nationalökonomie in Fragen der Zollpolitik mit den realen Verhältnissen rechneten und nicht eine schablonenhafte Handelsfreiheit propagierten, ohne mich mit den entscheidenden Gesichtspunkten ihrer Handelspolitik — der Bekämpfung der zahllosen die wirthschaftliche Entwicklung hemmenden Zollschranken näher zu beschäftigen.

[2] B. IV Ch. II S. 203 Sp. 2 ff. u. Ch. V S. 232.
[3] B. IV Ch. II S. 204 Sp. 1.
[4] B. IV Ch. V S. 230 Sp. 1.
[5] Ibd. S. 232 Sp. 1.
[6] B. IV Ch. II S. 204 Sp. 2 u. S. 205 Sp. 1.
[7] Ibd. S. 206 Sp. 1.
[8] Ibd. S. 206.
[9] B. IV Ch. V S. 230 Sp. 1 u. S. 232 Sp. 1.

der Ansicht, dass sie zweifellos demjenigen Gewerbe, welches den Nutzen davon hat, grosse Aufmunterung gewähren. Ob sie aber dazu dienen, der allgemeinen Gewerbsthätigkeit die nützlichste Richtung zu geben, das sei schwerlich so ausgemacht.[1]) Dasselbe gelte von Zöllen, welche die Einführung neuer Industrien befördern sollen.[2]) Es könne nur sehr selten vernünftig sein, sagt Smith, die Industrie des grössten Theiles des Volkes zu besteuern, um eine besondere Klasse von Gewerbsleuten zu stützen.[3]) Uebrigens komme es auf die besonderen Umstände an: „In einem Schweizerkantone oder einem der kleinen italienischen Staaten möge es zuweilen wohl unerlässlich sein, die Getreideausfuhr zu beschränken."[4]) Für England schlägt Smith eine starke Abgabe auf die Ausfuhr von Wolle zur Förderung der nationalen Produktion,[5]) und mässige Zölle auf alle Manufakturen vor.[6]) So würden, führt er aus, die englischen Arbeiter noch immer einen beträchtlichen Vorsprung auf dem einheimischen Markte behalten.[7]) Die Erwartung, dass eine vollkommene Handelsfreiheit werde hergestellt werden, nennt Smith „ebenso ungereimt als die Erwartung, dass eine Oceana oder Utopia werde begründet werden."[8])

Say verlangt Schutzzölle: 1) Als Finanzzölle, 2) weil eine unzeitgemässe Freiheit Schaden stiften könne, 3) weil man den Ruin der Gewerke verhindern müsse, welche im Vertrauen auf die schlechte Gesetzgebung entstanden seien.[9]) Freie Einfuhr von

---

[1]) B. IV Ch. II S. 198.
[2]) B. V Ch. II S. 200 Sp. 2.
[3]) B. IV Ch. V S. 232.
[4]) B. IV Ch. V S. 241. „In a Swiss canton, or in some of the little states of Italy, it may perhaps, sometimes be necessary to restrain the exportation of corn."
[5]) B. IV Ch. VIII S. 295 Sp. 1. „These considerations, however, will not justify the absolute prohibition of the exportation of wool. But they will justify the imposition of a considerable tax upon that exportation."
[6]) B. V Ch. II S. 399 Sp. 2.
[7]) B. V Ch. II S. 399 Sp. 2. „By removing all prohibitions, and by subjecting all foreign manufactures to such moderate taxes as it was found from experience afforded upon each article the greatest revenue to the public, our own workmen might still have a considerable advantage in the home market."
[8]) B. IV Ch. II S. 207 Sp. 2.
[9]) Cours I S. 585. „Cependant, comme il faut bien mettre des droits, ne fût-ceque pour subvenir aux dépenses d'Etat; comme une liberté intempestative pourrait avoir aussi des inconvénients, et qu'il faut éviter la ruine des établissements qui se sont formés sur la foi même d'une législation imparfaite, il est bon de consulter les industrieux".…

5. Wirthschaftspolitik. 61

Eisen, sagt Say, wäre für Frankreich von Vortheil, aber sie würde Frankreichs grosse Hüttenwerke zerstören, deren Eigenthümern und Arbeitern grossen Schaden zufügen. Der Gesetzgeber dürfe solche Interessen nicht leichtsinnig behandeln. Wenn er jene Zölle aufheben wolle, so müsse dies mit Reserve, stufenweise im Laufe der Zeit geschehen.¹) England konnte im Jahre 1815 Getreide viel billiger importieren als im Lande selbst erzeugen. Hätte man deshalb, fragt Say, die Einfuhr freigeben, den Producenten zugrunde richten und England inbezug auf die Versorgung mit Nahrungsmitteln vom Auslande abhängig machen sollen?²) Es sei überhaupt kein gesunder Zustand, wenn ein Volk seine Nahrungsmittel allzu weither beziehen müsse; auch habe man auf die Schichtung der Bevölkerung, für welche das landwirthschaftliche Element von grosser Wichtigkeit sei, Rucksicht zu nehmen.³) Ueberdies hätten sich eben „die geschäftlichen Beziehungen zwischen den Nationen unter der Herrschaft einer verfehlten Gesetzgebung ausgebildet und befestigt, in ähnlicher Weise wie diejenigen Bäume, welche unter Felstrümmern aufgewachsen und so in verkrümmter Form alt geworden seien. Man würde sie zu Grunde richten, wenn man sie gerade machen wollte."⁴) Dass Say auch die Erziehung des Volkes zu einer neuen Industrie als eine Aufgabe der Regierung betrachtet, haben wir schon früher gesehen.

Ricardo erklärt Steuerausgleichungs-Zölle und Prämien als nothwendig,⁵) insbesondere müssten solche dem durch Zehnten u. s. f. belasteten Landbebauer gewährt werden.⁶) Zölle zur Er-

---
¹) Cours I S. 599. „Si par exemple, chez nous, l'importation des fontes de fer, à bas prix et d'excellente qualité, était hautement favorable à nos arts et à nos consommateurs; si cette importation favorisait l'emploi du fer, de ce metal si supérieur à l'or par son utilité, jusqu'à l'introduire dans une foule d'usages qui le réclament, la société en recueillerait de forts grands avantages; mais d'un autre côté, cette importation entraînerait la destruction de presque toutes nos grosses forges, auxquelles des capitaux considérables ont été consacrés. Ce n'est pas tout: des hommes qui sont forcés d'abandonner une industrie, même lorsqu'il s'en ouvre beaucoup d'autres plus avantageuses, ne perdent pas seulement la majeure partie de leurs capitaux, ils perdent le temps qu'ils ont consacré à leur établissement et leur expérience acquise, qui sont des capitaux aussi. Le maître et l'ouvrier redeviennent des apprentis s'ils sont obligés de recommencer une autre carrière. Le législateur ne peut pas traiter avec légèreté de pareils intérêts;" . . . .
²) Traité B. I S. 334.
³) Ibd. S. 337 ff.
⁴) Cours I S. 599.
⁵) Ch. XI S. 105/106, Works S. 464.
⁶) Works S. 464, 480, 481.

haltung eines Produktionszweiges, welcher sonst zurückgehen würde, könnten, sagt Ricardo, durch die Bedachtnahme auf die Unabhängigkeit Englands von anderen Ländern z. B. inbezug auf seine Getreideversorgung vertheidigt werden. Er sucht durch die genaue Beobachtung aller Umstände zu zeigen, dass für die Unabhängigkeit Englands nichts zu fürchten wäre. Aber „der Ausbruch eines Krieges nach langem Frieden oder der Eintritt des Friedens nach langem Kriege verursacht allgemein im Handel beträchtliche Noth. Derselbe verändert die Natur der Geschäfte, auf welche vorher die Kapitalien der Länder verwendet waren, in hohem Grade; und während der Zwischenzeit, in welcher sie sich in die Lagen versetzen, welche die neuen Umstände am vortheilhaftesten machen, ist viel stehendes Kapital unangelegt, geht vielleicht ganz und gar verloren und sind die Arbeiter ohne volle Beschäftigung . . . Bei der Beendigung des Krieges werden die Hindernisse der Einfuhr entfernt, und es beginnt dann ein für den einheimischen Pflanzer verderblicher Mitbewerb, aus welchem er sich ohne Aufopferung eines grossen Theiles seines Kapitals nicht zurückzuziehen vermag. Die beste Staatsmassregel würde da sein, für eine gewisse Anzahl von Jahren auf die Einfuhr fremden Getreides einen Zoll zu legen, welcher mit der Zeit herabgesetzt würde, damit auf diese Art dem einheimischen Pflanzer Gelegenheit gegeben werde, sein Kapital allmählig vom Boden zurückzuziehen." [1]) So schlägt denn Ricardo für die englische Zollpolitik mit „due regard to temporary interests" vor: „Dem englischen Landbebauer das Monopol des heimischen Marktes so lange zu geben, bis das Korn den Preis von 70 s. per Quarter erreiche. Wenn es 70 s. erreicht habe, alle fixen Preise fallen zu lassen und einen Zoll von 20 s. per Quarter auf die Einfuhr von Getreide zu legen." Dieser Zoll solle dann jährlich um 1 s. geringer werden, bei 10 s. aber stehen bleiben. [2])

Die von Malthus im Ch. XII des Essay B. II und in dem

---

[1]) Ch. XIX S. 160 ff. „The best policy of the State would be, to lay a tax, decreasing in amount from time to time, on the importation of foreign corn, for a limited number of years, in order to afford to the home-grower an opportunity to withdraw his capital gradually from the land."

[2]) Works S. 493 ff. „To obviate, as far as is practicable, this enormous evil, all undue protection to agriculture should be gradually withdrawn. The policy which we ought at this moment of distress to adopt, is to give the monopoly of the home market to the British grower till corn reaches 70 s. per quarter. When it has reached 70 s., all fixed price and system of averages should be got rid of, and a duty of 20 s. per quarter on the importation of wheat, and other grains might

5. Wirthschaftspolitik.

Aufsatze „The grounds of an opinion" entwickelten Ansichten scheinen mir den Höhepunkt der wissenschaftlichen Entwicklung zu bedeuten, welche die Schutzzollfrage bisher gefunden hat. Er betrachtet die Schutzzölle als Heilmittel in wirthschaftlichen Krisen, in welchen es sich darum handle, eine besondere Klasse vor grossen Verlusten zu bewahren,[1]) vor allem aber als wichtiges Mittel der auf das Wohl des Staates bedachten Wirthschaftspolitik. Sie dienen dazu, die Produktion eines Gutes in einem gewissen Lande zur Entwicklung zu bringen, die grossen Schwankungen des Wirthschaftslebens hintanzuhalten und das Gleichgewicht zwischen den verschiedenen Klassen und Produktionszweigen herzustellen. Malthus setzt die politische und die sociale Funktion des Zollsystems auseinander. Die letztere bestehe darin, dass es oft nothwendig sei, das Gleichgewicht zwischen den ackerbau- und den gewerbetreibenden Klassen aufrecht zu erhalten.[2]) Die politische Bedeutung der Schutzzölle sei darin begründet, dass „die Interessen eines unabhängigen Staates im Verhältnis zu anderen durchaus verschieden seien von denjenigen einer besonderen Provinz gegenüber dem Reiche, welchem sie angehöre."[3]) Die Regierung könne gewiss genügende Gründe haben zu wünschen, dass das Land inbezug auf die Versorgung mit einem wichtigen Verbrauchsartikel vom Auslande unabhängig sei.[4]) Man müsse die Zölle so reguliren, dass diejenigen Waren mit grösseren Zöllen belegt würden, deren Produktion im Inlande wünschenswerth erscheine.[5]) (Das nationale

---

be imposed." „the duty of 20 s. should every year be reduced 1 s. until it reached 10 s."

[1]) The grounds of an op. S. 47.

[2]) An Essay II S. 186. „It has further appeared that, in a country with great landed resources, the commercial population may, from particular causes, so far predominate, as to subject it to some of the evils which belong to a state purely commercial and manufacturing, and to a degree of fluctuation in the price of corn greater than is found to take place in such a state. It is obviously possible, by restrictions upon the importation of foreign corn, to maintain a balance between the agricultural and commercial classes."

[3]) An Essay II S. 140/141. „In the distribution of wealth during the progress of improvement, the interests of an independent state in relation to others are essentially different from those of a particular province, in relation to the kingdom to which it belongs, a point which has not been sufficiently attended to."

[4]) Ibd. The grounds of an op. S. 47. „But a government may certainly see sufficient reasons for wishing to secure an independent supply of grain."

[5]) Princ. S. 437. „In regulating these taxes, it is also natural that those foreign commodities should be taxed the highest, which are either of the same kind

Wirth. haftssystem!) Aber es gelte dies in gleicher Weise nicht für alle Staaten, sondern hänge vielmehr von den besonderen Umständen ab. Und Malthus geht daran, die Staats-Typen festzustellen, für welche eine Schutzpolitik nachtheilige und diejenigen, für welche sie vortheilhafte Wirkungen habe.¹) Er setzt andrerseits die socialen und wirthschaftlichen Nachtheile der Zölle auseinander, welche als Hauptregel der Politik möglichste Annäherung an die Freiheit erscheinen lassen.²)

Wie verhält sich die klassische Nationalökonomie zu den arbeitenden Klassen?

Einzelne Vertreter des Historismus gestehen zwar zu, dass Smith auf der Seite der arbeitenden Volksmassen gestanden ist, aber das allgemeine Urtheil der historischen Volkswirthe über die klassische Nationalökonomie geht dahin, dass diese vom Dogma des Egoismus beherrscht und der ethischen Grundlagen ermangelnd die Arbeiterinteressen nicht beachtet habe.

In Wahrheit finden wir bei den Klassikern ein brennendes Verlangen, die Lage der grossen Volksmassen zu heben und eine grossartige auf dieses Ziel gerichtete Initiative, wie wir sie gegenwärtig nur bei den Socialisten beobachten können. Das Laissez-faire! des Smith und seiner Nachfolger bedeutet: Brecht die Fesseln, in welche die Privilegierten die grossen Massen des Volkes geworfen haben. Man liebt das heute so darzustellen, als hätten die Klassiker der öffentlichen Gewalt gerathen, nichts zu thun, alles gehen zu lassen, wie es eben geht und sich vollständig passiv zu verhalten. Das ist ganz falsch. Es war vielmehr ein harter Kampf gegen Vorrechte und Privilegien, zu welchem die Klassiker die öffentliche Gewalt aufforderten. Sie selbst waren die Führer in diesem Kampfe. Der ganze legislatorische und administrative Apparat musste eine angestrengte Thätigkeit entfalten, um jenen Theil der „klassischen" Politik ins Werk zu setzen, welcher damals thatsächlich zur Durchführung gelangte.

Die historischen Volkswirthe gefallen sich in der Behauptung, die klassische Nationalökonomie habe, was immer ihre Absichten waren, doch nur die Interessen des mobilen Kapitals gefördert. In Wahrheit sind die Freiheiten, welche die Klassiker erringen halfen,

---

as the native commodities which have been taxed, or such as, for special reasons of health, happiness, or safety, it is desirable to grow largely at home."

¹) An Essay II S. 187 u. ff.
²) Z. B. Schluss d. Ch. XII, Essay II.

die wichtigsten Lebensbedingungen der Arbeiterbewegung und erweisen sich fortdauernd als unentbehrlich für die Entwicklung derselben. Dass diese Freiheiten auch einer schmalen Schichte von Individuen, welche die in diesem Stadium des Daseinskampfes entscheidenden Eigenschaften in besonders hohem Masse besassen, ermöglichten, sich rasch zu entwickeln, thut ihrer dauernden Bedeutung für das ganze Volk durchaus keinen Eintrag. Im Gegentheile, der Aufschwung der Interessen des mobilen Kapitals bildete vielfach die Vorbedingung für die Erlangung der den Arbeitern so wichtigen Freiheiten und Rechte. Die Klassiker schufen die Basis, auf welcher sich die grosse Arbeiterbewegung der Gegenwart vollzieht.

Uebrigens wurde schon in der klassischen Periode neben den zur Entscheidung reifen socialen Fragen jener Zeit, welche das Bewusstsein der Oeffentlichkeit erfüllten und den Gegenstand der socialen Kämpfe bildeten, zuweilen, wenn auch nur nebenbei, eine und die andere der später zu Wichtigkeit gelangten socialpolitischen Fragen, z. B. der Arbeiterschutzgesetzgebung, aktuell. Wie verhielten sich da die Klassiker?

Smith meint: Es ist ein „sehr gerechtes und billiges Gesetz, welches in mehreren Gewerben die Meister verpflichtet, ihre Arbeiter in Geld, nicht in Waren zu bezahlen. Dies legt den Meistern keine neue Last auf: es verbindet sie nur, den wahren Werth des von ihnen versprochenen Lohnes, den sie auch durch die Waren zu bezahlen, obgleich oft fälschlich vorgaben, im Gelde wirklich zu bezahlen. Dieses Gesetz ist zum Vortheile der Arbeiter gegeben." [1] Auch die behördliche Feststellung der Preise für die nothwendigen Unterhaltsmittel sei unter Umständen nützlich.[2] „Dienstleute, Arbeiter und Handwerker," sagt Smith, „bilden die überwiegende Majorität jeder grossen öffentlichen Gemeinschaft. Was die Verhältnisse des grössten Theiles verbessert, kann für das Ganze nicht von Nachtheil sein. Keine Gesellschaft kann blühen, in welcher die grosse Majorität arm und elend ist. Die Gerechtigkeit verlangt überdies, dass diejenigen, welche dem ganzen Volke Nahrung, Kleidung und Wohnung verschaffen, von dem Produkte ihrer Arbeit doch wenig-

---

[1] B. I Ch. X S. 65 Sp. 2. „Thus the law which obliges the masters in several different trades to pay their workmen in money and not in goods, is quite just and equitable. It imposes no real hardship upon the masters; it only obliges them to pay that value in money, which they pretended to pay, but did not always really pay, in goods. This law is in favour of the workmen."
[2] a. a. O. S. 50.

stens einen solchen Antheil erhalten sollen, dass sie selbst erträglich essen, wohnen und sich kleiden können."[1] „Rente und Profit essen die Löhne auf und die zwei oberen Volksklassen unterdrücken die untere."[2] „Wenn die Gesetzgebung versucht hat, die Löhne der Arbeiter zu regulieren, war es immer mehr um sie herabzudrücken, als um sie zu heben."[3] „Wenn eine Regelung (des Verhältnisses zwischen Arbeitgeber und Arbeitnehmer) zu Gunsten der Arbeiter geschieht," sagt Smith, „ist sie immer gerecht und billig."[4]

Say verlangt, man müsse der Noth der unteren Klassen je nach der Ursache derselben entgegentreten. Bei dauernden Ursachen müsse man die Entstehung neuer Industriezweige begünstigen, grosse Arbeiten unternehmen, Kolonien gründen u. s. f., bei nur kurze Zeit wirkenden, könne man sich mit der Unterstützung der Nothleidenden begnügen.[5] „Sismondi," sagt Say, „im Principe die

---

[1] B. I Ch. VIII S. 36 Sp. 1. „Servants, labourers, and workmen of different kinds, make up the far greater part of every great political society. But what improves the circumstances of the greater part can never be regarded as an inconveniency to the whole. No society can surely be flourishing and happy, of which the far greater part of the members are poor and miserable. It is but equity, besides, that they who feed, clothe and lodge the whole body of the people, should have such a share of the produce of their own labour as to be themselves tolerably well fed, clothed, and lodged."

[2] B. IV Ch. III S. 253 Sp. 2. „the two superior orders of people oppress the inferior one."

[3] B. I Ch. X S. 60 Sp. 2. „Whenever the law has attempted to regulate the wages of workmen, it has always been rather to lower them than to raise them." Von diesem aus den thatsächlichen Verhältnissen sich ergebenden Gesichtspunkte erscheint die Forderung der klassischen Nationalökonomie nach Vertragsfreiheit im entsprechenden Lichte und ergibt sich das richtige Verständnis für Sätze, wie den folgenden Ricardo's: „Löhne sollten dem fairen, freien Wettbewerbe des Marktes überlassen, und nicht durch das Eingreifen der Gesetzgebung bestimmt werden." (Ch. V S. 57.)

[4] B. I Ch. X S. 65 Sp. 2. „When the regulation, therefore, is in favour of the workmen, it is always just and equitable."

[5] Traité II S. 283. „Aussi a-t-on vu tous les gouvernemens, à moins qu'ils ne se piquent d'aucune sollicitude, venir à l'appui de la classe indigente, quand un événement subit a fait tomber accidentellement le salaire des travaux communs audessous du taux nécessaire pour l'entretien des ouvriers. Mais trop souvent les secours n'ont pas répondu dans leurs effets aux vues bienfaisantes des gouvernemens, faute d'un just discernement dans le choix des secours. Quand on veut qu'ils soient efficaces, il faut commencer par chercher la cause de la chute du prix de travail. Si elle est durable de sa nature, les secours pécuniaires et passagers ne remédient à rien ..... Alors on doit tâcher de fournir aux bras désemployés une nouvelle oc-

5. Wirthschaftspolitik.

mit der Intervention des Staates in die Privatverträge verbundenen Unzukömmlichkeiten zugebend, glaubt dessenungeachtet, dass das Gesetz denjenigen unterstützen müsse, der nothwendig in einer so prekären und hilflosen Lage ist, dass er oft ungünstige Bedingungen annehmen muss. Es ist unmöglich," fährt Say fort, „in diesem Punkte die Meinung Sismondi's nicht zu theilen."[1]) Say spricht seine Freude über das neue englische Gesetz aus, welches die Verwendung von Kindern bis zu einem gewissen Alter verbiete.[2]) Die Herren seien infolge ihres Reichthums und ihrer socialen Stellung ohnedies die Stärkeren. Sie vereinigen sich noch, um den Arbeitern die Zahlung anständiger Löhne vorzuenthalten. Warum finde man ihre Vereinigungen nicht gefährlich?[3]) Die Gesetzgebung stehe auf der Seite der Unternehmer.[4])

Die Löhne bestimmen, sagt Ricardo, „the happiness of far the greatest part of every community."[5]) Eine Verschiebung der Einkommensverhältnisse, welche den Arbeitern einen grösseren Theil des Einkommens zuwenden würde, wäre eine sehr erstrebenswerthe Verbesserung des Zustandes der Gesellschaft, weil dadurch die bei weitem wichtigste Klasse der Gesellschaft („by far the most important of the society"), die arbeitende gewinnen würde.[6]) „Die Freunde der menschlichen Gesittung" müssten die Arbeiterklasse „durch alle gesetzlichen Mittel" antreiben, sich die Gegenstände körperlichen und gemüthlichen Wohlbehagens zu verschaffen.[7])

---

cupation durable, favoriser de nouvelles branches d'industrie, former des entreprises lointaines, fonder des colonies et c. Si la chute de la main d'oeuvre est de nature à ne pas durer, comme celle qui peut être le résultat d'une bonne ou d'une mauvaise récolte, alors on doit se borner à accorder des secours aux malheureux qui souffrent de cette oscillation."

[1]) Cours II S. 50. „M. de Sismondi, convenant en principe des inconvénients qui résultent de l'intervention de l'autorité dans les conventions particulières, pense néanmoins que la loi doit prêter quelque force à celui des deux contractans qui est nécessairement dans une position tellement précaire et dominée, qu'il est quelquefois forcé d'accepter des conditions onéreuses. Il est impossible de ne pas partager en ce point l'opinion de M. de Sismondi, et de ne pas approuver une disposition récente de la législation anglaise, qui fixe l'âge au-dessous duquel il n'est pas permis à un manufacturier de faire travailler les enfants dans ses ateliers."
[2]) Ibd.
[3]) Cours I S. 553.
[4]) Ibd.
[5]) Ch. V S. 57.
[6]) Ch. XXXII S. 258.
[7]) Ch. V S. 54. „The friends of humanity cannot but wish that in all coun-

Ricardo brachte im Parlamente staatliche Fürsorge für entsprechende Arbeiterwohnungen in Anregung,[1]) und war einer der wenigen, welche für die Einsetzung einer parlamentarischen Kommission zur Prüfung der socialen Pläne Owen's stimmten.[2])

Malthus sagt: „The great object to be kept in view, is to support the people through their present distresses, in the hope of better times."[3]) Wenn die Hilfe in Fällen der Noth von den Mitbürgern Opfer erfordert, so ist dies „nicht nur wohlthätig, sondern auch gerecht, das Übel über eine gröfsere Oberfläche zu zerstreuen, damit die Gewalt desselben inbezug auf die einzelnen so gemildert werde, dass es für alle erträglich ist".[4]) „Die Arbeiter sind die wichtigste Klasse der Gesellschaft"[5]) und „niemand, sagt Malthus, kann wärmer als ich wünschen, dass ihre Löhne einen wirklichen Fortschritt machen".[6]) „Wenn ich überzeugt wäre, dass die Öffnung unserer Häfen das Los der arbeitenden Klasse dauernd verbessern würde, möchte ich mich sofort für eine solche Massregel entscheiden."[7]) „Wenn ein Land kein anderes Mittel hätte, reich zu werden, als den Sieg im Kampfe um die Reduktion der Löhne, würde ich, ohne zu zögern, sagen: Mögen solche Reichthümer zugrunde gehen. Es ist von grosser Bedeutung, dass die arbeitenden Klassen gut gezahlt werden, und zwar aus einem Grunde, der viel wichtiger ist als alle den Reichthum betreffenden Erwägungen, ich meine, für das Glück der grossen Masse der Gesellschaft." „Ich kenne nichts elenderes als die Idee, die arbeitenden Klassen wissentlich dazu zu verurtheilen,

---

tries the labouring classes should have a taste for comforts and enjoyments, and that they should be stimulated by all legal means in their exertions to procure them."

[1]) John Rae, State-Socialism S. 234. „in his place in Parliament he brought forward the suggestion of Government annuities for the accomodation of working men, which was introduced by Mr. Gladstone half a century later, ... and he was one of a very small minority who voted for a Parliamentary inquiry into the social system of Robert Owen."

[2]) Ibd.

[3]) An Essay II S. 101.

[4]) Ibd. An Essay II S. 101. „and, as a temporary measure, it is only charitable but just, to spread the evil over a larger surface, in order that its violence on particular parts may be so mitigated as to be made bearable by all."

[5]) The grounds S. 23.

[6]) An Essay II S. 76.

[7]) The grounds S. 23. „If I were convinced, that to open our ports, would be permanently to improve the condition of the labouring classes of society, I should consider the question as at once determined in favour of such a measure."

dass sie sich in Lumpen kleiden und in miserablen Hütten wohnen, um etwas mehr von unseren Stoffen und unseren Calicots ins Ausland zu verkaufen."[1]) Man soll diejenigen, welche arbeitslos sind, in Zeiten der Noth womöglich zu öffentlichen Arbeiten jeder Art, zur Herstellung und Verbesserung von Wegen, Brücken, Bahnen, Kanälen etc. verwenden.[2])

Malthus weist auf die gesundheitswidrigen Verhältnisse in den Fabriken hin. Er citiert eine ausführliche Darlegung Dr. Aikin's, welche jene Momente hervorhebt, auf die auch heute noch die öffentliche Sanitätspflege und Arbeiterschutzgesetzgebung ihr Hauptaugenmerk richtet: die der Gesundheit und Moral schädlichen Verhältnisse in den Fabriken, dann die Kinder- und die Frauenarbeit.[3]) In manchen Fabriken trete man diesen Uebelständen bereits mit Erfolg entgegen. Und Malthus fügt hinzu, was wenigstens die Kinder betreffe, so sei ihre Lage in einzelnen Industriezweigen seither verbessert worden, theils durch das Eingreifen der Gesetzgebung und theils durch die humanen und edlen Anstrengungen der Ein-

---

[1]) Malthus S. 361 — Principes d'éc. pol. Guillaumin — s. Wolowski, Vorrede zur franz. Uebers. Roschers S. LXVII.
[2]) An Essay II S. 100.
[3]) Ibd. S. 220/221. „In these, children of a very tender age are employed, many of them collected from the workhouses in London and Westminster, and transported in crowds as apprentices to masters resident many hundred miles distant, where they serve unknown, unprotected and forgotten by those to whose care nature or the laws had consigned them. These children are usually too long confined to work in close rooms, often during the whole night. The air they breathe from the oil, etc employed in the machinery, and other circumstances, is injurious; little attention is paid to their cleanliness; and frequent changes from a warm and dense to a cold and thin atmosphere are predisposing causes to sickness and debility, and particularly to the epidemic fever which is so generally to be met with in these factories. It is also much to be questioned if society does not receive detriment from the manner in which children are thus employed during their early years. They are not generally strong to labour, or capable of pursuing any other branch of business when the term of their appenticeship expires. The females are wholly uninstructed in sewing, knitting, and other domestic affairs requisite to make them notable and frugal wives and mothers. This is a very great misfortune to them and to the public, as is sadly proved by a comparison of the families of labourers in husbandry and those of manufacturers in general. In the former we meet with neatness, cleanliness, and comfort; in the latter with filth, rags, and poverty, although their wages may be nearly double to those of the husbandman. It must be added, that the want of early religious instruction and exemple, and the numerous and indiscriminale association in the buildings, are very unfavourable to their future conduct in life."

zelnen.¹) „Jeder Freund der Humanität," sagt er an anderer Stelle, „muss ihm (Owen) herzlichst Erfolg wünschen in seinem Bemühen, eine Parlamentsakte durchzusetzen, welche die Zahl der Arbeitsstunden für Kinder beschränkt und deren Verwendung in allzu jungen Jahren überhaupt verbietet."²)

Auch die Kritik, welche die historischen Volkswirthe an der Wirthschaftspolitik Smith's und seiner Schüler üben, löst sich in ein Gewebe von Suppositionen und Irrthümern auf. Es bleibt zwar nichtsdestoweniger eine Thatsache, dass die Vertreter des Historismus in ihren Ansichten über das Tempo und Mass socialer Reformen, in ihren Lehrmeinungen über den Einfluss und die Bedeutung besonderer Umstände und in ihrer Haltung den politischen Machthabern gegenüber von Smith und seinen Schülern sehr wesentlich abweichen; aber diese Gegensätze haben eine ganz andere als die ihnen von den historischen Volkswirthen beigelegte Bedeutung. Smith, Say, Ricardo, Malthus verkannten nicht die Nothwendigkeit allmähliger Entwicklung und der Berücksichtigung partikulärer Verhältnisse, sie waren nicht der Ansicht, dass das freie Spiel der individuellen Kräfte immer zum allgemeinen Wohle führe, sie wiesen die wirthschafts- und socialpolitische Thätigkeit der öffentlichen Gewalten nicht zurück.

Um zu einer richtigen Auffassung des zwischen der historischen und der klassischen Richtung inbezug auf die Wirthschafts- und Socialpolitik herrschenden Gegensatzes zu gelangen, muss man den politischen Charakter der historischen Schule in Betracht ziehen: Das Zurückstreben zu altkonservativen Standpunkten, die Bekämpfung jeder energischen volksthümlichen Entwicklung und jeder die Grundlinien des Bestehenden berührenden Socialreform halten die Vertreter des Historismus für die zur Lösung der socialen Probleme unserer Zeit geeignete Politik. Im Lichte dieser politischen An-

---

¹) Ibd. S. 221. „Dr. Aikin says that endeavours have been made to remedy these evils, which in some factories have been attended with success. And it is very satisfactory to be able to add, that, since this account was written, the situation of the children employed in the cotton-mills has been further very essentially improved, partly by the interference of the legislature, and partly by the humane and liberal exertions of individuals."

²) Ibd. S. 40. „Mr. Owen is, I believe, a man of real benevolence, who has done much good; and every friend of humanity must heartily wish him success in his endeavours to procure an Act of Parliament for limiting the hours of working among the children in the cotton manufactories, and preventing them from being employed at too early an age."

schauungen erscheint ihnen die ehrliche Kritik, welche Smith und seine Schüler an der Regierungspraxis ihrer Zeit übten, als staatsauflösend, die Gewinnung und Vertretung grosser Principien durch die Klassiker als Vernachlässigung der besonderen Umstände, die energische Initiative, welche die Klassiker inbezug auf die wirthschafts- und socialpolitischen Fragen ihrer Zeit entfaltet haben, als schädlicher Radikalismus.

Die Werke Smith's und seiner Schüler geben unserer Zeit keine befriedigende Antwort mehr auf die grundlegenden Fragen der Nationalökonomie; die historischen Volkswirthe aber vermögen nicht über die klassischen Lehren hinauszugelangen. Sie verstehen sie nicht, ja kennen sie nicht einmal. Ihr aus einem Complexe grober Irrthümer bestehendes Urtheil über die Smith'sche Richtung beruht in seiner seit Jahrzehnten üblichen extremen Form auf Missdeutung der klassischen Lehren, Unkenntniss der klassischen Werke und auf der hierdurch ermöglichten Verwechslung der klassischen Nationalökonomie mit den oberflächlichen, schematischen und leeren Formeln der Schulze-Delitzsch, Prince-Smith u. s. f. Doch selbst in ihrer vorsichtigeren und massvolleren Fassung sind die von den historischen Volkswirthen gegen die Theorie und Politik der Smith, Say, Ricardo, Malthus gerichteten Vorwürfe, welche eine wichtige Stütze der gegenwärtig das wissenschaftliche und politische Leben allenthalben in hohem Masse beeinflussenden einseitig historischen Richtung bilden, thatsächlich nur die in Form einer Kritik gebrachten Fehler und Schwächen des Historismus.